# Eis

## Schlemmereien

### selbstgemacht

# Eis

## Schlemmereien

### selbstgemacht

XENOS Verlagsgesellschaft m.b.H.
Hamburg

XENOS
RATGEBER

ISBN 3-8212-0662-4



Verlag und Herausgeber für die deutsche Ausgabe:
XENOS-Verlagsgesellschaft mbH,
Am Hehsel 42, 2000 Hamburg 63

Umschlaggestaltung:
Künne & Künne Werbeagentur, Hamburg

Übersetzung: Luzia Czernich, Haimhausen

Art Director: Peter Bridgewater

Redaktion: Suzanne Luchford

Printed in Italy

# ✧ INHALT ✧


KAPITEL EINS

EINFÜHRUNG 6

KAPITEL ZWEI

EISCREME 12

KAPITEL DREI

EISBECHER UND MILCHSHAKES 40

KAPITEL VIER

EISDESSERTS 66

KAPITEL FÜNF

SORBETS 82

KAPITEL SECHS

GRANITÉS 100

KAPITEL SIEBEN

BISKUITS, SAUCEN UND GARNIERUNGEN 110

INDEX 128

# EINFÜHRUNG

SELBST HERGESTELLTES EIS ist ein extravagantes Dessert für jede Gelegenheit. Eis bereitet Freude, ist leicht zuzubereiten, hat eine angenehme Konsistenz und köstliche Geschmacksrichtungen. Gegenüber anderen Desserts hat Eis den Vorteil, daß es schon lange im voraus zubereitet werden kann und die möglichen Geschmacksrichtungen nahezu unbegrenzt sind. Dieses Buch führt Sie ein in die Kunst der kreativen Eiszubereitung, liefert Rezepte und Ideen, um mit den verschiedensten feinen Geschmacksrichtungen zu experimentieren – angefangen von alkoholischen Getränken, Kräutern und Gewürzen bis hin zu Nüssen und exotischen Früchten aus der ganzen Welt. Es kann ein fast endloses Vergnügen sein, wenn man neue Mischungen ausprobiert und überraschende Kombinationsmöglichkeiten feststellt.

Vor gar nicht so langer Zeit war das fertig gekaufte Eis von minderer Qualität und die Auswahl klein. Das hat sich durch die Ausbreitung der Supermärkte und moderne Herstellungsmethoden völlig geändert. Warum sollte man das Eis selbst zubereiten? Gewiß ist es ökonomischer und weit weniger zeitraubend, eine Auswahl verschiedener Eissorten zu kaufen, statt die Zeit mit Schlagen, Rühren, Mischen und Einfrieren zu verbringen. Die Antwort liegt in der geänderten Einstellung, die man heute gegenüber der Nahrung hat – sie sollte naturbelassen sein. Für selbst hergestelltes Eis verwendet man frische Zutaten, und im Gegensatz zum Industrieprodukt entsteht kein Geschmacksverlust nach längerer Lagerung. Die Zubereitung kann ebenso vergnüglich sein wie der Verzehr. Könnte es einen besseren Grund geben, Eis selbst herzustellen? Gönnen Sie sich dieses Vergnügen. Die Rezepte dieses Buches unterstützen Sie dabei.

PURE ICES
PURE ICES
A.RANALDO
TADCASTER
NOTED
TADCASTER
ICES

## ✧ EISMASCHINEN ✧

FALLS SIE nicht gerade Ihren Haushalt neu einrichten, haben Sie wahrscheinlich die notwendigsten Geräte zur Herstellung von Eis bereits vorrätig. Nur wenige sind unerläßlich – meist läßt sich ein Ersatz finden. Wichtig sind genügend Gefäße, die kälteresistent und zum Einfrieren geeignet sind. Es lohnt sich deshalb, leere Eisboxen aus Plastik aufzuheben.

## ✧ GERÄTE ✧

EISMASCHINEN sind keine lebenswichtigen Geräte. Sie liefern jedoch – oft in sehr kurzer Zeit – köstliches Eis. Je nach Hersteller sind sie unterschiedlich, was die Mühe beim Bedienen, die Bequemlichkeit beim Säubern, die Geräusche, die sie machen, und den Platz betrifft, den sie benötigen. All dies und die Preisunterschiede sollte man in Betracht ziehen, wenn man sich zum Kauf einer Eismaschine entschließt – oder auch nicht.

Früher stellte man Speiseeis in Behältern her, die mit Eis und Salz umgeben waren. Dabei mußte man ständig mit der Hand rühren. Rührgeräte erleichterten die Sache ein wenig. Zwar waren Salz und Eis immer noch notwendig, aber das Gerät hatte eine Kurbel, die mit einer Rührschaufel im Inneren verbunden war. Man drehte dann so lange, bis das Eis gefroren war.

Heute haben wir eine größere Auswahl. Es gibt elektrische Sorbetièren mit eigenem Motor zum Kühlen, oder Modelle, die noch Eis brauchen, aber die Mischung automatisch rühren. Andere Geräte kann man auch direkt in den Gefrierschrank stellen. Das Rührwerk wird über ein Kabel betrieben, das in die Tür geklemmt und an der nächsten Steckdose angeschlossen wird. Viele Maschinen liefern nur weiches Eis. Wünschen Sie das Eis so fest, daß es gut portioniert werden kann, dann müssen Sie es in eine Gefrierform füllen und tiefgekühlt hart werden lassen.

Um ein vollkommen glattes Eis zu erhalten, man aber keine Sorbetière besitzt, sollte man während des Gefrierprozesses die Eiskristalle gelegentlich vom Rand zur Mitte hin rühren. Wenn das Eis halb fest ist, füllt man es in eine Schüssel um und schlägt die Masse, damit sie locker und in ihrer Konsistenz gleichmäßig wird. Das bedeutet, daß man dabeibleiben muß, bis das Eis gefroren ist. Das Ergebnis ist aber der Mühe wert. Andernfalls wählen Sie ein Parfait oder eine Mousse, die beide nicht gerührt werden müssen.

OBEN: Der ICTC Gelato Chef
UNTEN: Das Frost King-Holzfaß mit Motor.

## ✧ BEZEICHNUNGEN ✧

NAMEN können nicht starr festgelegt werden, da sie von Land zu Land variieren. Einige allerdings sind international. Die hier aufgeführten Begriffe sollen Ihnen einige Hinweise darauf geben, was man Ihnen vorsetzt – und was Sie anderen vorsetzen.

***Chantilly-Sahne*** – Schlagsahne mit Zucker und Vanilleessenz oder mit Zucker, der mit einer Vanilleschote aromatisiert wurde.

***Coulis*** – eine Sauce der Nouvelle Cuisine aus püriertem Obst. Anders als bei der traditionellen Art – Eis und Sauce darüber – wird Coulis in eine flache Form gefüllt und Eis oder Sorbet darübergegeben.

***Coupe*** – ein kelchförmiges Gefäß, meist aus Silber oder Glas, in dem Eis serviert wird. Die Bezeichnung bezieht sich manchmal auch direkt auf den Inhalt, eine Ableitung der wörtlichen Bedeutung.

***Eisbombe*** – Der Name kommt von der abgerundeten Form. Die Eisbombe enthält zwei oder drei verschiedene Eisschichten und/oder Sorbets, in der Regel mit einer kontrastierenden Füllung in der Mitte. Sie wird in einer runden Form hergestellt, gestürzt und mit Schlagsahne und einer Reihe von Verzierungen garniert.

***Eissoufflé*** (Soufflé glacé) – ähnlich wie Mousse oder Parfait, aber in einer Souffléform gefroren und mit Kakaopulver bestreut, daß es wie ein heißes Soufflé aussieht. Es kann einen Boden oder Deckel aus Löffelbiskuits haben.

***Fürst-Pückler-Eis*** – auch „Neapolitanisches Eis" genannt. Drei Schichten Eis werden in eine rechteckige oder Kastenform gefüllt und zum Servieren in Scheiben aufgeschnitten.

***Granité*** – ein grobes, körniges Wassereis, in der Regel ein wenig matschig. Wird halbgefroren als Mischung aus Eiskristallen und Flüssigkeit serviert.

***Italienische Meringe(n)*** – Mit Zuckersirup geschlagenes Eiweiß.

***Mousse*** – eine gefrorene Mischung aus Eidottern, die mit Zuckersirup geschlagen wurden, um das Volumen und den Luftanteil zu vergrößern. Es wird während des Schlagens häufig in ein Wasserbad gestellt. Sahne und Geschmackszutaten werden unter die abgekühlte Masse gehoben. Eine Mousse braucht während des Gefrierens nicht gerührt zu werden. Sie ist also bestens geeignet für Eisbomben oder die Portionierung in kleine Dessertschalen.

***Omelet en Surprise*** – Eis wird in ein Baiser gefüllt und so schnell gebacken, daß das fertige Dessert innen noch gefroren ist und eine heiße, knusprige Hülle hat.

***Parfait*** – ähnlich wie Mousse, wird aber stets in einer großen Form gefroren. In der Form servieren oder auf eine Platte stürzen.

***Scherbet*** – ein Sorbet, dem vor dem Gefrieren geschlagene Sahne beigegeben wird. Es ist weich, aber meist doch fest genug, um mit dem Eisportionierer geformt zu werden.

***Schweizer Meringe(n)*** – Eiweiß mit Zucker geschlagen.

***Sorbet*** – ein weiches Wassereis mit Obst- oder Weingeschmack. Oft wird ein geschlagenes Eiweiß eingerührt. Sorbet kann man als Kugeln servieren oder so weich lassen, daß man es mit einem Löffel oder mit einem Spritzbeutel auf Dessertschalen verteilen kann. Sorbet ist in den USA als „Scherbet" bekannt.

***Spoom*** – ein Sorbet oder Scherbet, dem nach der Hälfte der Gefrierzeit eine italienische Meringe hinzugefügt wird.

***Sundae*** – jede Kombination von Eissorten, Sorbets oder Scherbets mit Extragarnierung im Eisbecher.

Topf
Topf für Wasserbad – Topf mit heraus-nehmbarem oberen Teil, der durch kochendes Wasser im unteren Teil erhitzt wird
Rührschüssel aus Kupfer
Bombenform
Spritzbeutel
Ring- oder Savarinform
Eisportionierer

tüllen
Bombenform
Schneebesen
flache Eisform
tiefe Eisform
flache Form
flaches Backblech
quadratische Kuchenform
Schälmesser
gerillte Springform
Springform
Kastenform

# *EISCREME*


| | |
|---|---|
| *VANILLEEIS* | *14* |
| *PARFAIT* | *15* |
| *SAHNEEIS* | *16* |
| *EINFACHE EISCREME* | *18* |
| *EXTRA LEICHTE EISCREME* | *19* |
| *SCHOKOLADENEIS* | *21* |
| *KARAMELEIS* | *22* |
| *APRIKOSENEIS* | *23* |
| *ERDBEEREIS* | *24* |
| *ANANASEIS* | *25* |
| *MANDARINENEIS* | *26* |
| *WALNUSSEIS* | *27* |
| *INGWEREIS* | *29* |
| *TUTTI FRUTTI* | *30* |
| *SAHNIGES JOGHURTEIS* | *31* |
| *KIRSCH-JOGHURTEIS* | *32* |
| *BANANEN-HONIGEIS* | *33* |
| *AVOCADOEIS* | *34* |
| *BROTEIS* | *35* |
| *MANGOEIS* | *36* |
| *KÜRBISEIS* | *36* |
| *ENGLISCHES WEIHNACHTSEIS* | *37* |
| *GRAND MARNIER-PARFAIT* | *38* |
| *KULFI (INDISCHES EIS)* | *39* |


DAS TIEFKÜHLEN hat Eis populär gemacht. Bevor es möglich war, Eis zu transportieren und zu lagern, konnte man sich nur an königlichen oder adligen Höfen an Eis erfreuen. Aber mit der Erfindung von Eis-, Kühl- und Gefrierschränken – vor allem auch für den Privathaushalt – wurde Eis zur schnellen Nascherei. Café-Gesellschaften löffelten Eis, und fliegende Eisverkäufer mit Lieferwagen und Fahrrädern fuhren durch die Straßen.

Die Suche nach neuen Geschmacksrichtungen begann – wer konnte das interessanteste, sensationellste und köstlichste Eis kreieren? Das Café Procope in Paris bot bereits 1782 mehr als 80 Eissorten an, und der amerikanische Eishersteller Baskin Robbins wurde in das „Guinness-Buch der Rekorde" aufgenommen, weil er mehr als 400 verschiedene Eissorten entwickelte. Kochbücher und Fachzeitschriften brachten „neue" Rezepte im Überfluß.

Heute ist Eiscreme fast schon ein Kult. Vertreter der Nouvelle Cuisine wetteifern miteinander beim Kreieren von leichten, erfrischenden Sorbets, und die Gourmets in aller Welt versuchen neue Geschmackskombinationen zu finden. Die Sorbetière hat in der Küche Einzug gehalten. Da der Trend zu natürlichen Zutaten zunimmt und die Inhaltsbeschreibungen der Industrieerzeugnisse sehr genau gelesen werden, regiert zu Hause die Phantasie. Moderne Kühlmethoden haben exotische Zutaten aus fernen Ländern zu uns kommen lassen, und moderne Lagerhaltung ermöglicht auch den Kauf von Zutaten, die gerade keine Saison haben. Industrielle Produktion und Eisherstellung zu Hause haben ihren Höhepunkt erreicht – und es gibt kein triftiges Argument dagegen, daß eine Nascherei extravagant sein kann.

Bevor man daran geht, Eis selbst herzustellen, sollte man eine Reihe praktischer Tips beherzigen. Erstens: probieren Sie während des Mischens. Der Geschmack darf ruhig intensiver oder süßer sein, als es beim fertigen Eis der Fall sein soll, denn das Aroma verflüchtigt sich beim Gefrieren ein wenig. Zweitens: verwenden Sie beim Frieren eine möglichst flache Form, damit der Gefriervorgang schneller abläuft. Eiscreme mit Alkoholzusätzen benötigt länger zum Gefrieren. Das Eis vor dem Servieren im Kühlschrank antauen lassen; bei Zimmertemperatur wird es außen weich, bleibt aber innen hart. Es sollte noch so fest sein, daß es beim Portionieren die Form behält, weiches Eis dagegen kann mit dem Spritzbeutel dekorativ angerichtet werden. Servieren Sie nicht zu große Portionen, denn selbst gemachtes Eis ist üppiger als gekauftes.

# ✧ *Vanilleeis* ✧

| ✧ *ZUTATEN* ✧ |
|---|
| FÜR 8 PERSONEN |
| *4 Eier* |
| *125 g Zucker* |
| *450 ml Milch* |
| *1 TL Vanilleessenz* |
| *225 ml Schlagsahne* |

## ✧ *ZUBEREITUNG* ✧

✧ Eier und Zucker schlagen, bis die Mischung dick und hell ist. Die Milch mit der Vanille aufkochen, über die Eimischung gießen und gut verrühren.

✧ Die Vanillesauce in ein heißes Wasserbad stellen und unter Rühren erhitzen, bis die Sauce am Löffel hängen bleibt. Abkühlen lassen.

✧ Die Sahne schlagen, bis sie beginnt steif zu werden. Vorsichtig unter die Vanillesauce heben, mit einem Löffel beginnen und den Rest langsam dazugeben.

✧ Wenn dem Eis zusätzliche Aromastoffe beigegeben werden sollen, dann sollte es jetzt geschehen.

✧ Die Creme in eine flache Gefrierform oder in einen Plastikbehälter gießen, zudecken und 1 bis 2 Stunden gefrieren. In eine große Schüssel geben und gut verrühren, daß alle Eispartikel, die sich gebildet haben, eingerührt werden. Wieder ins Gefrierfach geben. Man kann das Eis fest werden lassen oder den Rührvorgang wiederholen. Je öfter man rührt, desto glatter wird das Eis.

✧ 30 Minuten vor dem Servieren das Eis in den Kühlschrank stellen.

VARIATION Wenn das Eis leichter sein soll, kann man die Sahne weglassen.

Für klassisches Vanilleeis verwendet man eine aufgeschnittene Vanilleschote statt der Essenz. Die Schote entfernen, bevor man die Milch über die Eier gießt, die Samenkörnchen jedoch in die Masse geben. Als Alternative kann man 25 g Kaffeebohnen oder 125 g geriebene Schokolade mit der Milch erhitzen.

# ✧ Parfait ✧

| ✧ ZUTATEN ✧ |
|---|
| FÜR 8 PERSONEN |
| *175 g Zucker* |
| *4 EL Wasser* |
| *4 Eidotter* |
| *350 ml Sahne* |

## ✧ ZUBEREITUNG ✧

✧ Den Zucker in Wasser bei mittlerer Hitze auflösen.

✧ Die Temperatur erhöhen und den Sirup 30 Sekunden kochen lassen.

✧ Die Eidotter schlagen, bis sie hell und dickflüssig aussehen.

✧ Unter ständigem Rühren den Sirup über die Eidotter gießen. Schlagen, bis die Masse abgekühlt und dickflüssig ist. Um diesen Prozeß zu beschleunigen, kann man die Rührschüssel in ein Gefäß mit Eis stellen.

✧ Wenn das Eis mit Aromazusätzen verfeinert werden soll, dann diese jetzt zugeben.

✧ Die Sahne steif schlagen und löffelweise unter die Eier ziehen.

✧Wenn das Parfait etwas leichter sein soll, kann man ein sehr steif geschlagenes Eiweiß unterziehen.

✧ Parfait muß während des Gefrierens nicht gerührt werden. Deshalb eignet es sich gut, um zu interessanten Formen geformt zu werden. Einfach in ein Gefäß füllen und hart werden lassen.

Wenn das Eis gestürzt werden soll, mit einem warmen Tuch über die Form fahren und dann umgekehrt auf einen Teller stellen. Die Form abheben und das Eis mit Nüssen, zerstoßenen Makronen, Sahne oder Obst garnieren. Bis 15 Minuten vor dem Servieren in den Kühlschrank stellen. Wenn das Parfait im voraus zubereitet werden soll, stellt man es in das Tiefkühlfach zurück und gibt es wiederum 15 Minuten vor dem Servieren in den Kühlschrank.

# ✧ Sahneeis ✧

| ✧ ZUTATEN ✧ |
| --- |
| FÜR 8 PERSONEN |
| *4 Eier* |
| *1/2 TL Vanilleessenz* |
| *125 g Zucker* |
| *300 ml Sahne* |

# ✧ SAHNEEIS ✧

1

2

## 8 ZUBEREITUNG ✧

*1 Die Eier trennen.*
*2 Zucker und Vanille zu den Dottern geben.*
*3 Die Dottermasse schlagen, bis sie hell und dickflüssig ist.*
*4 Die Sahne so lange schlagen, daß sie gerade ihre Form behält.*
*5 Die Sahne löffelweise unter die Dottermasse heben.*

*Wenn dem Eis Aromazusätze beigegeben werden sollen, dann muß dies jetzt geschehen.*
*6 Das Eiweiß schlagen, bis es steif, aber nicht trocken ist.*
*7 Vorsichtig unter die Sahnemischung ziehen. Mit einem Löffel beginnen und den Rest langsam dazugeben.*
*8 In einen flachen Gefrierbehälter füllen, zudecken und 1 bis 2 Stunden gefrieren lassen. In eine große Schüssel umfüllen und gut umrühren, daß alle Eispartikel, die sich gebildet haben, untergerührt werden. Wieder in den Gefrierschrank stellen. Man kann das Eis jetzt fest werden lassen oder den Rührvorgang wiederholen. Je öfter man umrührt, desto glatter wird das Eis.*

*30 Minuten vor dem Servieren das Eis in den Kühlschrank stellen.*

3

4

5

6

7

8

# ✧ EINFACHE EISCREME ✧

## ✧ ZUTATEN ✧

FÜR 8 PERSONEN

*575 ml Sahne*

*125 g Zucker*

## ✧ ZUBEREITUNG ✧

✧ Die Sahne schlagen, bis sie gerade fest zu werden beginnt. Zucker und eventuell Aromastoffe einrühren. In eine flache Gefrierform gießen, zudecken und 1 bis 2 Stunden gefrieren lassen. Schlagen und wieder ins Gefrierfach stellen, bis es hart ist. Wer das Eis besonders süß will, sollte Puderzucker verwenden.

✧ Diesem Eis kann man sehr leicht verschiedene Geschmacksrichtungen geben. Man rührt nur gehackte, pürierte, getrocknete oder kandierte Früchte, Nüsse oder Schokolade ein.

## ✧ EXTRA LEICHTE EISCREME ✧

### ✧ ZUTATEN ✧

FÜR 8 PERSONEN

*250 g Zucker*

*300 ml Wasser*

*4 Eiweiß*

*300 ml Sahne*

### ✧ ZUBEREITUNG ✧

✧ Den Zucker bei mittlerer Hitze im Wasser unter Rühren auflösen. 5 Minuten kochen lassen.

✧ Die Eiweiß steif schlagen, aber nicht trocken werden lassen. Unter Rühren den Sirup langsam dazugießen. Weiter schlagen, bis das Eiweiß ganz steif ist und die Mischung sich abgekühlt hat. Der Prozeß kann beschleunigt werden, wenn man die Rührschüssel in ein Gefäß mit Eisstückchen stellt.

✧ Die Sahne schlagen, bis sie gerade die Form hält. Das Eiweiß vorsichtig löffelweise unterheben.

✧ Sollen zusätzliche Aromastoffe verwendet werden, diese jetzt vorsichtig dazugeben.

✧ Die Masse in eine Gefrierform füllen, zudecken und fest gefrieren lassen. Dieses Eis eignet sich besonders zum Gefrieren in besonderen Formen und zum Stürzen, da es nicht umgerührt werden muß.

✧ Zum Stürzen die Form mit einem warmen Tuch abreiben. Das Eis auf einen Teller stürzen und mit Nüssen, zerstoßenen Makronen, Sahne oder Früchten garnieren. Vor dem Servieren 15 Minuten in den Kühlschrank stellen. Will man das Eis im voraus zubereiten, nimmt man es aus der Form, garniert es und stellt es wieder (bis 15 Minuten vor dem Servieren) ins Tiefkühlfach.

## ✧ GESCHMACKSVARIATIONEN ✧

Die folgenden Vorschläge passen zu allen Grundrezepten auf den Seiten 14 bis 19.

Pralinen: 125 g Zucker, 125 g ganze oder gemahlene Mandeln, beziehungsweise Erdnuß- oder Walnußbröckchen. Hacken oder mahlen, je nachdem, wie das Eis werden soll.

Haselnüsse, Pekannüsse oder Mandeln, zerstoßen oder gehackt. Man kann die Nüsse im Ofen rösten oder in Butter wenden, bis sie goldbraun sind.

Gehackte Pistazienkerne.

Geröstete Kokosflocken.

Ungesüßtes Kastanienpüree.

Zerbröselte Kuchen, Meringen, Makronen, Waffeln oder Biskuitkekse.

Zerbrochene Bonbons, Minzeriegel, Schokolade, gewürfelte Marshmallows.

Gewürfelte frische, kandierte oder in Alkohol eingelegte Früchte.

Püriertes frisches Obst oder pochierte Trockenfrüchte. Das Fruchtpüree oder das Trockenobst mit Sirup, Apfelsaft oder Weißwein anrühren oder aufkochen.

Gewürfelte kandierte Obstschalen.

Mincemeat, besonders mit Rum oder Brandy.

Wein oder Likör, oder anderen Alkohol nach Geschmack, besonders in Verbindung mit Obst.

Honig kann man statt Zucker verwenden.

Ein paar Tropfen Orangen- oder Rosenwasser passen gut zu einfacher Frucht- oder Nußeiscreme.

Zu Vanilleeis paßt Mohnsamen, starker Tee oder Kaffee.

Um marmoriertes Eis herzustellen, läßt man das Eis halb gefrieren, rührt einmal oder zweimal um und gibt ein dickes Fruchtpüree, Schokolade, Kaffee oder Kastanien darauf. Mit einem Messer vorsichtig ein paar Kreise ziehen.

✧ Wenn Sie schon fertiges Eis im Kühlschrank haben, das verbessert werden soll, dann stellt man es in den Kühlschrank, bis es weich zu werden beginnt. Aromastoffe hinzufügen oder marmoriertes Eis daraus machen.

# ✧ Schokoladeneis ✧

## ✧ ZUTATEN ✧

| FÜR 8 PERSONEN |
|---|
| *125 g Schokolade* |
| *225 g Milch* |
| *1 Ei oder 2 Eidotter* |
| *50 g Zucker* |
| *225 ml Sahne* |

## ✧ ZUBEREITUNG ✧

✧ Die Schokolade in kleine Stücke brechen. In der Milch erhitzen und unter Rühren schmelzen. Die Milch sollte heiß sein, aber nicht kochen. Helle oder dunkle Schokolade kann verwendet werden.

✧ Das Ei oder die Dotter mit Zucker schlagen.

✧ Die Milch unter Rühren über die Eimischung gießen. Den Topf in ein heißes Wasserbad stellen und unter Rühren erhitzen, bis die Masse so zähflüssig ist, daß sie am Löffel hängenbleibt. Abkühlen lassen.

✧ Die Sahne schlagen, bis sie etwas steif wird. Vorsichtig unter die Eimischung ziehen. Nach Wunsch andere Aromastoffe zugeben.

✧ Die Masse in eine Gefrierform füllen, zudecken und 1 bis 2 Stunden gefrieren. Gut umrühren und wieder ins Kühlfach stellen, bis das Eis fest ist.

VARIATION Schokolade kann mit einer ganzen Menge von Zutaten kombiniert und verfeinert werden. Versuchen Sie einige der folgenden oder probieren Sie eigene Kombinationen aus:

Gehackte oder gemahlene Haselnüsse oder Mandeln und ein paar Tropfen Mandelessenz.

Zerstoßene oder gehackte Pralinen (siehe Seite 97).

Rosinen mit Rum getränkt.

Gewürfelte Marshmallows.

Gewürfelte Pfefferminzplätzchen mit einigen Tropfen Pfefferminzextrakt.

Ungesüßtes Kastanienpüree und gewürfelte kandierte Kastanien (plus ein EL Alkohol wie Sherry, Brandy oder Kirsch).

Gewürfelte kandierte Kirschen oder Maraschino-Kirschen (und ein Schuß Likör für den besonderen Geschmack).

Fast jeder Alkohol, zum Beispiel Rum, Cointreau, Brandy.

Ein paar Löffel starker schwarzer Kaffee mit Tia Maria oder Crème de Cacao.

Zerbrochene Kekse, Baisers, Ingwernüsse und Waffeln.

## ✧ KARAMELEIS ✧

### ✧ ZUTATEN ✧

FÜR 4 PERSONEN

*4 EL Zucker*

*6 EL Wasser*

*2 Eidotter*

*300 ml Sahne*

### ✧ ZUBEREITUNG ✧

✧ Den Zucker und ein Drittel des Wassers in einen schweren Topf geben. Bei mittlerer Hitze rühren, bis der Zucker aufgelöst ist. Die Temperatur erhöhen und kochen, bis der Sirup braun ist. Das restliche Wasser dazugießen.

✧ Die Eidotter schlagen, vorsichtig auf die Karamelmasse gießen und rühren, bis die Masse kalt ist.

✧ Die Sahne schlagen, bis sie dickflüssig ist. Vorsichtig unter die Karamelmasse ziehen.

✧ Die Eismasse in einen Gefrierbehälter füllen, zudecken und 1 bis 2 Stunden gefrieren. Gut durchrühren und wieder ins Tiefkühlfach stellen.

# ✧ APRIKOSENEIS ✧

## ✧ ZUTATEN ✧

FÜR 6 PERSONEN

*125 g getrocknete Aprikosen*
*152 ml trockener Weißwein*
*125 g Zucker*
*150 ml Wasser*
*2 Eiweiß*
*150 ml Sahne*
*ein paar Tropfen Mandelessenz (nach Geschmack)*

## ✧ ZUBEREITUNG ✧

✧ Die Aprikosen würfeln und in Weißwein kochen, bis sie weich sind (15 bis 20 Minuten). Falls Flüssigkeit verdampft, etwas Apfelsaft dazugießen. Die Aprikosen abkühlen lassen und zu einem glatten Püree verarbeiten. Wenn die fertige Masse weniger als 150 ml ist, mit ungesüßtem Apfelsaft zu dieser Menge auffüllen.

✧ Den Zucker bei mittlerer Hitze unter Rühren im Wasser auflösen. 5 Minuten stark aufkochen.

✧ Das Eiweiß steif schlagen, aber nicht trocken werden lassen. Den heißen Sirup langsam einrühren. Schlagen, bis die Meringe sehr dickflüssig ist.

✧ Die Sahne leicht schlagen. Das Aprikosenpüree unter das Eiweiß ziehen und dann die Sahne löffelweise unterheben. Den Mandelextrakt hinzufügen.

✧ Die Masse in eine Kastenform füllen (oder eine Ringform), zudecken und gefrieren lassen. Das Eis muß nicht umgerührt werden. Stürzen und mit Aprikosenscheiben (frisch oder aus der Dose) oder einer Sauce aus frischen oder getrockneten Aprikosen servieren. Geröstete Mandeln darüberstreuen.

VARIATION Die getrockneten Aprikosen durch frische Früchte oder Dosenfrüchte ersetzen. Abtropfen lassen, pürieren und 1 EL Weißwein dazugeben.

Andere Früchte sind ebenfalls geeignet. Feste Früchte wie Pflaumen oder Birnen sollten erst in Sirup, Apfelsaft oder Weißwein gekocht werden. Getrocknetes Obst, z.B. Pflaumen, muß pochiert werden. Weiche Früchte wie Erdbeeren oder Ananas muß man pürieren, bevor man sie unter das Eiweiß zieht.

## ✧ ERDBEEREIS ✧

| ✧ ZUTATEN ✧ |
|---|
| FÜR 6 PERSONEN |
| *125 g Zucker* |
| *300 ml Wasser* |
| *250 g Erdbeeren* |
| *300 ml Sahne* |
| *2 Eiweiß (nach Geschmack)* |

### ✧ ZUBEREITUNG ✧

✧ Den Zucker bei mittlerer Hitze in Wasser auflösen. 5 Minuten aufkochen und dann abkühlen lassen.
✧ Die Erdbeeren pürieren oder durch ein Sieb streichen und mit dem Sirup vermischen.
✧ Die Sahne leicht schlagen und vorsichtig unter das Erdbeerpüree ziehen.
✧ Die Eiweiß steifschlagen und unter die Masse ziehen.
✧ In einen Gefrierbehälter füllen, zudecken und 1 bis 2 Stunden gefrieren.
✧ Gründlich durchrühren und wieder ins Tiefkühlfach stellen.

VARIATION Die Erdbeeren mit Puderzucker anstatt des Sirups pürieren. Mit Sahne und Eiweiß, wie beschrieben, vermischen. Alle weichen Sommerbeeren, wie z.B. Brombeeren, Himbeeren oder rote Johannisbeeren, können ebenso verarbeitet werden. Festere Beeren, wie Stachelbeeren oder schwarze Johannisbeeren, sollten vor dem Pürieren mit Zucker bei schwacher Hitze gekocht werden. Anderes Obst, z.B. Pfirsiche, Aprikosen oder Pflaumen, werden vor dem Pürieren enthäutet (ein bis zwei Minuten in Sirup, Apfelsaft oder Weißwein kochen). Wenn man das Eis mit Zuckersirup herstellt, gilt als Regel: gleiche Menge Sirup wie Obstpüree. Ein paar Löffel Zitronensaft verstärken den Geschmack der Früchte und nehmen der Zucker-Sahne-Mischung etwas von ihrer Üppigkeit.

# ✧ Ananaseis ✧

## ✧ ZUTATEN ✧

FÜR 8 PERSONEN

*175 g Zucker*

*450 ml Wasser*

*1 Zitrone*

*450 g zerdrückte, frische Ananas*

*300 ml Sahne*

*2 Eiweiß (nach Geschmack)*

## ✧ ZUBEREITUNG ✧

✧ Den Zucker in Wasser bei mittlerer Hitze rühren, bis er aufgelöst ist. Die fein geriebene Zitronenschale dazugeben und alles 5 Minuten aufkochen. Ganz abkühlen lassen.

✧ Die Ananasstückchen und den Zitronensaft vermischen. Abmessen und mit der gleichen Menge Sirup verrühren.

✧ Die Sahne leicht schlagen und unter die Obstmasse ziehen.

✧ Die Mischung in einen Gefrierbehälter füllen, zudecken und wieder ins Tiefkühlfach stellen.

✧ Anmerkung: Man kann für dieses Rezept sehr gut auch Dosenfrüchte verwenden. Wenn man frische Ananas verwendet, hebt man die Schale auf und füllt das Eis kurz vor dem Servieren hinein.

# ✧ MANDARINENEIS ✧

## ✧ ZUTATEN ✧

FÜR 6 PERSONEN

*175 g Zucker*
*300 ml Wasser*
*8 Mandarinen*
*eine halbe Zitrone*
*300 ml Sahne*

## ✧ ZUBEREITUNG ✧

✧ Den Zucker in Wasser bei mittlerer Hitze verrühren. Die fein geriebene Zitronenschale hinzufügen und alles 5 Minuten aufkochen. Ganz abkühlen lassen.

✧ Von jeder Mandarine oben eine Scheibe abschneiden und das Fruchtfleisch vorsichtig herausholen. Die Deckel aufheben. Die Schalen nicht durchstechen, da sie mit dem fertigen Eis gefüllt werden sollen. 6 Schalen beiseite stellen. Die anderen fein reiben und aufheben.

✧ Das Fruchtfleisch pressen, um soviel Saft wie möglich zu erhalten. 300 ml Mandarinensaft mit Zitronensaft, Sirup und geriebener Schale verrühren.

✧ Den Saft in einen Gefrierbehälter gießen, zudecken und gefrieren, bis der Saft breiig ist. Gut verrühren, bis die Masse glatt ist.

✧ Die Sahne leicht schlagen und vorsichtig unter den leicht gefrorenen Obstsaft heben. 1 bis 2 Stunden gefrieren und wieder durchrühren. Hart werden lassen.

✧ Die Mandarinenschalen mit der Eiscreme füllen, außen mit Wasser einreiben und wieder ins Kühlfach stellen. 15 Minuten vor dem Servieren herausnehmen und die Deckel wieder darauf geben.

VARIATION Statt der Mandarinen kann man Orangen, Grapefruit oder Limonen nehmen. Stets die gleiche Menge Obstsaft und Sirup verwenden. Wenn man Zitronen oder Limonen verwendet, ist nur die halbe Menge Sahne notwendig.

## ✧ WALNUSSEIS ✧

| ✧ ZUTATEN ✧ |
|---|
| FÜR 8 PERSONEN |
| *150 ml Ahornsirup* |
| *4 Eidotter* |
| *300 ml Sahne* |
| *125 g gehackte Walnüsse* |

### ✧ ZUBEREITUNG ✧

✧ Den Sirup kochen, bis er dickflüssig ist.

✧ Die Eidotter schlagen, bis sie hell und zähflüssig sind. Den Topf in ein Wasserbad stellen und unter Rühren den heißen Sirup dazugießen. Rühren, bis die Flüssigkeit die Konsistenz von Sahne hat. Den Topf aus dem Wasserbad nehmen und in ein Gefäß mit Eiswürfeln stellen. Die Masse rühren, bis sie ganz erkaltet ist.

✧ Die Sahne schlagen, bis sie etwas steif ist, dann löffelweise unter die Eimasse ziehen. Die Walnüsse einrühren.

✧ Die Masse in einen Plastikbehälter gießen, zudecken und gefrieren. Das Eis muß nicht mehr umgerührt werden und läßt sich gut stürzen (siehe Seite 15). In Scheiben oder Kugeln servieren, mit glasierten Walnußhälften (siehe Seite 97) und einer Rum-, Brandy- oder Kaffeesauce garnieren.

# ✧ INGWEREIS ✧

## ✧ ZUTATEN ✧

FÜR 6 PERSONEN

*3 Eidotter*

*50 g Zucker*

*125 g eingelegte Ingwerstangen*

*1 EL Ingwersirup*

*300 ml Milch*

*150 ml Sahne*

## ✧ ZUBEREITUNG ✧

✧ Die Eidotter mit Zucker gut schlagen.

✧ Die Ingwerstangen abtropfen lassen und würfeln. Mit dem Ingwersirup in die Eier rühren.

✧ Die Milch abkochen und unter Rühren langsam über die Eier geben. Die Flüssigkeit in ein Wasserbad stellen und rühren, bis sie zähflüssig ist. Abkühlen lassen.

✧ In einen Gefrierbehälter füllen, zudecken und 1 bis 2 Stunden gefrieren. In eine Schüssel geben und glattrühren.

✧ Die Sahne leicht schlagen und vorsichtig in die Eiermasse rühren. Wieder in den Gefrierbehälter geben, zudecken und gefrieren.

VARIATION Statt der Ingwerstangen 1 TL gemahlenen Ingwer verwenden. (Oder 1 EL geriebenen frischen Ingwer bzw. 1 EL kandierte Ingwerstückchen.)

Zu der Eiermasse kann man auch einen Likör geben. Eine andere Variation wäre, den Ingwer wegzulassen und die Eiermasse auf mehrere Gefäße zu verteilen. Jede Portion wird mit einem anderen Aroma versehen: z.B. Crème de Menthe, Kahlua, Tia Maria, Cassis. Eine kleine Kugel von jeder Sorte in Dessertschalen geben oder damit Baisers und kleine Kuchen (siehe Seite 112) füllen. Man kann die Sorten auch in flachen Formen gefrieren und sie dann zu einem bunten Kuchen zusammensetzen.

## ✧ TUTTI FRUTTI ✧

### ✧ ZUTATEN ✧

FÜR 4 PERSONEN

- *1 EL Rosinen*
- *1 EL dunkler Rum*
- *175 ml Sahne*
- *40 g Puderzucker*
- *1/2 TL Vanilleessenz*
- *1 EL kandierte Kirschen*
- *2 EL kandierte Engelwurz oder Zitronat und Orangeat*
- *2 Eiweiß*

### ✧ ZUBEREITUNG ✧

✧ Die Rosinen über Nacht in Rum einweichen.
✧ Die Sahne leicht schlagen. Vorsichtig den gesiebten Puderzucker und die Vanilleessenz dazugeben.
✧ Die kandierten Früchte würfeln und mit den Rosinen in die Sahne rühren.
✧ Die Eiweiß steifschlagen und löffelweise vorsichtig unter die Sahne ziehen.
✧ Die Eismasse in einen Gefrierbehälter füllen, zudecken und 1 bis 2 Stunden gefrieren. Gut schlagen und wieder zurück ins Tiefkühlfach stellen. Soll das Eis besonders glatt werden, den Rührvorgang ein- bis zweimal wiederholen.

VARIATION Statt der kandierten Früchte kann man auch in Alkohol eingelegte Früchte verwenden (siehe Seite 119). Andere Trockenfrüchte können die Rosinen ersetzen. Probieren Sie Pflaumen in Brandy oder Aprikosen in Weißwein. Statt der Engelwurz und der kandierten Kirschen könnte man Pralinen oder kandierte Walnüsse nehmen (siehe Seite 97). Entweder in das Eis mischen oder dieses damit garnieren.

# ✧ SAHNIGES JOGHURTEIS ✧

## ✧ ZUTATEN ✧

FÜR 8 PERSONEN

*75 g Zucker*
*225 g Püree aus schwarzen Johannisbeeren*
*1 EL Cassis (nach Geschmack)*
*175 ml Naturjoghurt*
*150 ml Sahne*

## ✧ ZUBEREITUNG ✧

✧ Den Zucker im Johannisbeerpüree verrühren. Cassis und Joghurt dazugeben und alles gut vermischen.
✧ Die Sahne leicht schlagen und unter das Fruchtpüree ziehen.
✧ Die Masse in einen Gefrierbehälter füllen, zudecken und gefrieren. Einmal umrühren, wenn die Masse breiig geworden ist.

VARIATION Pfirsich- oder Himbeerpüree mit Kirschschnaps, Orangen- oder Zitronensaft mit Weißwein, gekochte Äpfel oder Birnen mit Cidre, Erdbeeren mit Limonensaft, Grand Marnier oder andere verlockende Kombinationen ausprobieren.

Man kann auch ein paar Löffel Müsli oder Haferflocken in den Joghurt rühren. Auch getrocknetes Obst, in Apfelsaft oder Alkohol eingeweicht, ist geeignet. Wenn es schnell gehen soll, mischt man nur Obststücke oder Obstpüree mit dem Joghurt und gefriert es. Geschlagenes Eiweiß macht das Eis leichter und lockerer.

Dieses Rezept ist auch für exotische Früchte ideal, wie Mango, Passionsfrucht oder Papaya. Diese Früchte nach Geschmack süßen und statt des Johannisbeerpürees verwenden.

## ✧ KIRSCH-JOGHURTEIS ✧

### ✧ ZUTATEN ✧

FÜR 6 PERSONEN

*175 g Zucker*
*2 EL Zitronensaft*
*150 ml Wasser*
*350 g Kirschen, entsteint*
*2 Eier*
*300 ml Naturjoghurt*
*1 EL Brandy oder Likör (nach Geschmack)*

### ✧ ZUBEREITUNG ✧

✧ Den Zucker in Wasser und Zitronensaft bei mittlerer Hitze verrühren. 5 Minuten aufkochen lassen, die Temperatur reduzieren und die entsteinten Kirschen dazugeben. Die Kirschen weichkochen, abtropfen lassen und beiseite stellen. Man kann auch Dosenfrüchte verwenden.
✧ Die Eier trennen und die Dotter schlagen, bis sie hell und dickflüssig sind. Den Zuckersirup unter Rühren langsam dazugießen. Rühren, bis die Masse ganz abgekühlt ist.
✧ Den Joghurt glattrühren und löffelweise unter die Dottermischung ziehen.
✧ Kirschen, Brandy oder Likör einrühren.
✧ Die Eismasse in einen Gefrierbehälter füllen, zudecken und 1 bis 2 Stunden gefrieren. In eine Schüssel geben und gut durchrühren.
✧ Die Eiweiß steifschlagen und vorsichtig unter die Eiscreme heben. In einen Gefrierbehälter geben, zudecken und ganz hart gefrieren lassen.
✧ Zu besonderen Anlässen kann man das Eis mit flambierten Kirschen servieren.

VARIATION Die Kirschen durch Beeren oder andere weiche Früchte ersetzen. Statt des Brandy dann die entsprechenden Obstliköre verwenden, z.B. schwarze Johannisbeeren und Cassis, Himbeeren und Kirschwasser, Pflaumen und Gin, Bananen und Rum.

# ✧ BANANEN-HONIGEIS ✧

### ✧ ZUTATEN ✧

FÜR 4 PERSONEN

*175 g zerdrückte Bananen*

*2 EL Honig*

*1 EL Zitronensaft*

*150 ml Naturjoghurt*

*1 Eiweiß*

### ✧ ZUBEREITUNG ✧

✧ Die Bananen pürieren oder sehr fein zerdrücken. Mit Honig, Zitronensaft und Joghurt verrühren.

✧ Die Masse in einen Gefrierbehälter füllen, zudecken und 1 bis 2 Stunden gefrieren. Gründlich mit einem Schneebesen schlagen.

✧ Das Eiweiß steifschlagen. Vorsichtig löffelweise unter die Bananenmasse heben. In einen Gefrierbehälter füllen und im Tiefkühlfach ganz fest werden lassen.

# ✧ *AVOCADOEIS* ✧

## ✧ ZUTATEN ✧

FÜR 4 PERSONEN

*1 Avocado*

*1 EL Zitronensaft*

*2 EL Milch*

*1 Eiweiß*

## ✧ ZUBEREITUNG ✧

✧ Die Avocado schälen, halbieren und den Stein entfernen. Das Fruchtfleisch zerdrücken oder pürieren. Mit Zitronensaft und Milch zu einer glatten Masse verrühren.
✧ Das Eiweiß steifschlagen und löffelweise unter die Avocadocreme ziehen.
✧ In einen Gefrierbehälter füllen, zudecken und 1 bis 2 Stunden gefrieren.
✧ Mit dem Schneebesen gut verrühren, wieder ins Tiefkühlfach stellen und ganz fest werden lassen.

# ✧ Broteis ✧

## ✧ ZUTATEN ✧

FÜR 4 PERSONEN

| |
|---|
| *1 TL Öl* |
| *50 g Krümel aus Vollkornbrot* |
| *50 g brauner Zucker* |
| *300 ml Sahne* |
| *2 EL Zucker* |
| *1/2 TL Vanilleessenz (nach Geschmack)* |

## ✧ ZUBEREITUNG ✧

✧ Mit dem Öl eine flache Backform bestreichen. Die Brotkrümel und den braunen Zucker daraufstreuen. Die Form unter einen Grill stellen und unter Rühren erhitzen, bis der Zucker geschmolzen ist und die Krümel gebräunt sind. Abkühlen lassen und zerbröseln, falls die Masse fest geworden ist.

✧ Die Sahne mit dem Zucker steifschlagen und, falls verwendet, die Vanilleessenz dazugeben.

✧ Die Krümel in die Sahne mischen. Alles in einen Gefrierbehälter füllen, zudecken und 1 bis 2 Stunden gefrieren. Gut durchrühren und dann im Tiefkühlfach fest werden lassen.

✧ Mit einer heißen Kaffee- oder Karamelsauce servieren. Bei besonderen Anlässen mit eingelegten Feigen garnieren.

VARIATION Statt der Krümel Haferflocken nehmen. Dazu passen gewürfelte oder pürierte Pflaumen (eingeweicht und gekocht) besonders gut.

# ✧ MANGOEIS ✧ KÜRBISEIS ✧

## ✧ ZUTATEN ✧

FÜR 6 PERSONEN

*1/2 Portion Vanilleeis (siehe Seite 14)*
*450 g Mango*
*50 g Zucker*
*1 Zitrone oder Limone*

## ✧ ZUBEREITUNG ✧

✧ Das Vanilleeis nach Rezept zubereiten und kühl werden lassen.
✧ Die Mangos schälen, Steine entfernen und das Fruchtfleisch mit Zucker und Zitronensaft pürieren.
✧ Dosenfrüchte vor dem Gebrauch gut abtropfen lassen.
✧ Das Fruchtpüree in die Vanillemasse rühren. In einen Gefrierbehälter füllen und nach Anleitung gefrieren.

VARIATION Beliebige andere exotische Früchte pürieren und mit dem Vanilleeis verrühren; z.B. Passionsfrucht, Ananas oder Kiwi.

## ✧ ZUTATEN ✧

FÜR 6 PERSONEN

*1/2 Portion Vanilleeis (siehe Seite 14)*
*450 g gekochter Kürbis*
*125 g Zucker*
*je ein halber TL gemahlene Nelken, Ingwer, Muskat sowie Mischgewürz und Salz*
*1 EL Brandy (nach Geschmack)*

## ✧ ZUBEREITUNG ✧

✧ Das Vanilleeis nach Rezept zubereiten und kühlen.
✧ Den Kürbis pürieren oder fein zerdrücken.
✧ Zucker und Gewürze mischen und mit dem Kürbispüree verrühren. Den Brandy dazugeben.
✧ Die Kürbismasse unter das Vanilleeis ziehen, in einen Gefrierbehälter füllen, zudecken und nach Vorschrift einfrieren. Mit gehackten, kandierten Walnüssen oder Pekannüssen und einer Karamel- oder Marshmallowsauce servieren (siehe Seite 126).

## ✧ Englisches Weihnachtseis ✧

### ✧ ZUTATEN ✧

| FÜR 8 PERSONEN |
|---|
| *1 Portion Sahneeis (siehe Seite 16)* |
| *125 g ungesüßtes Kastanienpüree* |
| *2 EL Schokoladenstreusel (halbbitter)* |
| *2 EL kandierte Maronen, gewürfelt* |
| *2 EL eingelegte Früchte (siehe Seite 119), gewürfelt* |

### ✧ ZUBEREITUNG ✧

✧ Das Eis nach Rezept zubereiten. Das Kastanienpüree kurz vor der Schlagsahne zugeben. Schokoladenstreusel, Maronenwürfel und Obst nach der Sahne unterrühren. Die Eiweiß dazugeben und alles nach Anweisung einfrieren.

✧ Die Früchte können entweder frisch (z.B. in Alkohol konservierte Kirschen, Mandarinen, Himbeeren) oder getrocknet und 2 Stunden vor der Verwendung in Brandy eingeweicht worden sein. Die Früchte in kleine Würfel schneiden und in das Eis rühren. Man muß nicht unbedingt Brandy nehmen. Rosinen kann man in Rum einweichen, Aprikosen in Weißwein pochieren und abkühlen lassen. Sehr gut sind Kirschen, in Gin eingelegt. Es gibt kein starres Rezept für diese Eiscreme. Zerstoßene Makronen, Likörpralinen oder Ingwernüsse passen genauso gut hinein wie irgendeine Tortenfüllung aus Obst. Man kann dem Eis zusätzlich Marsala oder Sherry beimischen.

VARIATION Wenn Sie fertige Eiscreme im Tiefkühlfach haben, stellen Sie sie in den Kühlschrank, bis sie etwas weich ist. Eine der oben genannten Zutaten einrühren und gefrieren. Einmal durchrühren, damit das Eis glatt wird.

Man kann das Eis auch etwas weich werden lassen und in eine Kasten- oder Ringform pressen. Wieder fest werden lassen, dann stürzen und vor dem Servieren garnieren.

# ✧ Grand Marnier-Parfait ✧

| ✧ ZUTATEN ✧ |
|---|
| FÜR 8 PERSONEN |
| *175 g Zucker* |
| *75 ml Wasser* |
| *1 EL fein geriebene Orangenschale* |
| *6 Eidotter* |
| *575 ml Sahne* |
| *75 ml Grand Marnier* |

## ✧ ZUBEREITUNG ✧

✧ Den Zucker in Wasser bei mittlerer Hitze unter Rühren auflösen. Die Orangenschale dazugeben und den Sirup 5 Minuten aufkochen.

✧ Die Dotter schlagen, bis sie hellgelb und dickflüssig sind. Zu dem Sirup geben und schlagen, bis die Mischung abgekühlt und dickflüssig ist.

✧ Die Sahne leicht schlagen und löffelweise in die Eimischung geben. Den Grand Marnier einrühren.

✧ Das Parfait in eine Souffléform (eventuell Kastenform) füllen und einen Papierstreifen um die Form binden, der 5 cm über den Rand steht. Das Parfait braucht während des Gefrierens nicht gerührt zu werden. 30 Minuten vor dem Servieren in den Kühlschrank stellen, etwas Kakao darüber sieben und den Papierstreifen entfernen.

✧ Wenn Sie eine Kastenform verwendet haben, ein warmes Tuch auf die Form legen und das Parfait auf einen Teller stürzen. Entweder mit Kakaopulver bestreuen oder mit Sahne und Orangenstückchen, frisch oder kandiert, garnieren (siehe Seite 119).

VARIATION Eine Kasten- oder Souffléform mit Löffelbiskuits auslegen, mit Likör beträufeln und das Parfait daraufgeben. Vor dem Servieren stürzen. Verwendet man eine Souffléform, kann man die Biskuits auch in der Form der Speichen eines Rades auf die Parfaitmasse verteilen. Mit Kakaopulver bestreuen.

Man kann dem Sirup (siehe oben) auch geriebene Zitronenschale beimengen und statt des Grand Marnier Benedictine verwenden. Das Grundrezept kann mit einer Vielzahl von verschiedenen Likören variiert werden, auch durch die Verwendung von Frucht- oder Nußpürees, geschmolzener Schokolade oder Kaffee. Man kann die Parfaitmasse auch in mehrere Schüsseln füllen und mit unterschiedlichen Aromastoffen versehen, um verschiedene Farben zu erhalten. Schichtweise einfrieren, indem man mit einer Sorte beginnt, diese etwas fest werden läßt und dann nacheinander die anderen Sorten daraufgibt.

# ✧ KULFI (INDISCHES EIS) ✧

## ✧ ZUTATEN ✧

FÜR 8 PERSONEN

*950 ml Milch*
*1 EL Pfeilwurz*
*50 g Zucker*
*125 ml Sahne*
*3 Kardamomschoten*
*1 EL gehackte Mandeln oder Pistazien*
*ein paar Tropfen Rosenwasser*

## ✧ ZUBEREITUNG ✧

✧ Ein Viertel der Milch in einem flachen weiten Topf zum Kochen bringen. Unter Rühren kochen lassen, bis die Milch sehr dickflüssig ist. Der größte Teil der Milch verdunstet dabei. Je breiter der Topf ist, desto schneller geht es. Beiseite stellen, bis die Milch ganz erkaltet ist.

✧ Die Pfeilwurz mit ein wenig der restlichen Milch zu einer Paste verrühren. Eine Kardamomschote in die restliche Milch geben und diese zum Kochen bringen. Unter Rühren 10 Minuten kochen lassen. Die Kardamomschote entfernen. Die Pfeilwurzpaste zur Milch geben und rühren, bis die Milch eindickt.

✧ Den Zucker in der heißen Milch auflösen.

✧ Die Körner aus den anderen Kardamomschoten entfernen, zerstoßen und in die Milch einrühren.

✧ Die gehackten Nüsse einrühren und die Milch abkühlen lassen. Gelegentlich umrühren.

✧ Die Sahne schlagen, bis sie die Form hält. Vorsichtig löffelweise in die abgekühlte Milch geben. Die kalte Milch, die am Anfang zubereitet wurde, jetzt einrühren und ein paar Tropfen Rosenwasser dazugeben.

✧ Die Masse in eine Gefrierform füllen, zudecken und 1 bis 2 Stunden gefrieren. Schlagen und wieder in das Gefrierfach stellen. Jeweils nach 2 Stunden schlagen, bis das Eis ganz fest ist.

# EISBECHER UND MILCHSHAKES

SOBALD es in fast jedem Haushalt Tiefkühlgeräte gab, war es nur noch ein kleiner Schritt, verschiedenste Eissorten aus der Konditorei oder dem Supermarkt mit nach Hause zu nehmen. In dem Moment war Eis bereits kein Luxus mehr, sondern etwas Alltägliches. Eis war immer ideal bei unerwartetem Besuch, wenn keine Zeit blieb, ein Dessert zuzubereiten. Mit Speiseeis im Tiefkühlfach lassen sich ohne Probleme ein exotischer Eisbecher, Kuchen oder Shake kreieren. Procope, Escoffier und Lenôtre, große Meister ihres Faches, ersannen Süßspeisen, die nach berühmten Künstlern benannt wurden, wie beispielsweise die Damen Nellie Melba und Anna Pawlowa. In letzter Zeit hat Baskin Robbins Schau-Wettkämpfe organisiert, und die Bewerber strömen nur so herbei. Nicht jeder kann kochen – aber jeder kann – und tut es – Milchshakes und Eisbecher zubereiten!

Eiscremes und Sorbets sind so vielfältig, obgleich auf fast jeder Speisekarte eines Restaurants eine Reihe bekannter Eisspezialitäten zu finden sind, daß laufend neue Ideen realisiert und neue Eiskompositionen kreiert werden.

Was die Getränke angeht, ist nicht viel Können erforderlich. Frisches Obst, Joghurt oder Alkoholika können im Handumdrehen zusammengemixt werden. Shakes sind ideal als kleine „Zwischenmahlzeit" und erfrischen, wenn man Appetit auf einen Longdrink hat.

Wie der Genuß von Kaffee und Kuchen hat auch der Verzehr von Eisbechern und Milchshakes eine gesellschaftliche Komponente. Während man im Café, in der Eisdiele oder im Restaurant langsam sein Eis löffelt oder an dem Shake nippt, kann man sich unterhalten, sehen und gesehen werden, die Unterhaltung und die Erfrischung gleichermaßen genießen.

| | |
|---|---|
| KNICKERBOCKER GLORY | 43 |
| BANANA SPLIT | 44 |
| GEEISTE MELONEN | 45 |
| COUPE JAQUES | 46 |
| PFIRSICH „KARDINAL" | 47 |
| PFIRSICH MELBA | 48 |
| BIRNE HÉLÈNE | 49 |
| CHOCOLATE LIÈGOIS | 50 |
| WEIHNACHTSBECHER | 50 |
| PARTY-BECHER | 52 |
| FLAMBIERTE BANANEN | 53 |
| FLAMBIERTER KIRSCHBECHER | 54 |
| EISCREME-SODAS | 55 |
| PARTY-PUNSCH | 56 |
| SCHOKOLADEN-MILCHSHAKE | 57 |
| BANANEN-MILCHSHAKE | 57 |
| GEEISTER „GRASHÜPFER" | 58 |
| GEEISTER „JULEP" | 58 |
| GEEISTER „LATIN FLIP" | 59 |
| „DOWN HOME SHAKE" | 59 |
| FRISCHE OBSTSHAKES | 61 |
| JOGHURTSHAKES | 61 |
| GEEISTER DAIQUIRI | 62 |
| KARIBIK-FLIP | 62 |
| SORBET UND GLÜHWEIN | 63 |
| GEWÜRZTER CIDRE | 63 |
| KARIBIK-KAFFEE | 64 |
| HEISSE SCHOKOLADE MIT EIS | 64 |

# ✧ KNICKERBOCKER GLORY ✧

## ✧ ZUTATEN ✧

FÜR 4 PERSONEN

*1 Packung rote Grütze*
*1 Packung gelbe Grütze*
*1 Packung grüne Grütze*
*450 ml Eiscreme*
*125 ml Sahne*
*4 TL Schokoladenstreusel*
*4 kandierte Maraschino-Kirschen*

## ✧ ZUBEREITUNG ✧

✧ Die Grütze jeweils nach Anleitung zubereiten und in getrennten Schüsseln fest werden lassen, dann in kleine Würfel schneiden. Man kann Aromastoffe nach Geschmack beimengen. Wichtig sind die unterschiedlichen Farben. Man benötigt nur einen Teil der Grütze. Ein Rezept für selbstgemachte Grütze finden Sie auf Seite 121.

„Knickerbocker Glory" sollte stets in hohen Gläsern serviert werden, damit die verschiedenen Schichten zu sehen sind. Ein paar rote Grützewürfel in vier Gläser füllen, darauf gibt man eine Kugel Eiscreme, grüne Grütze, Eiscreme und bedeckt alles mit gelber Grütze. Darauf setzt man wieder eine Eiskugel. Welche Eissorte man verwendet, bleibt dem eigenen Geschmack überlassen.

✧ Die Sahne steifschlagen und auf das Eis geben.

✧ Mit Schokoladenstreuseln bestreuen und eine Kirsche in die Mitte setzen.

VARIATION 1 EL Marshmallowsauce oder Schokoladensauce über jeden Becher träufeln.

# ✧ BANANA SPLIT ✧

## ✧ ZUTATEN ✧

FÜR 4 PERSONEN

*4 mittelgroße Bananen*
*450 ml Eiscreme*
*125 g zerdrückte Ananas*
*125 g zerdrückte Himbeeren*
*125 ml Schokoladensauce (siehe Seite 125)*
*125 ml Sahne*
*8 kandierte Kirschen*
*50 g gehackte oder blättrig geschnittene Nüsse*

## ✧ ZUBEREITUNG ✧

✧ Die Bananen der Länge nach durchschneiden und die Hälften auf zwei Seiten einer langen Dessertschale legen.
✧ Zwischen die Bananenhälften drei Eiskugeln geben. Am besten verwendet man unterschiedliche Eissorten.
✧ Mit einem Löffel die Früchte über zwei Eiskugeln geben und über die dritte vorsichtig die Schokoladensauce gießen.
✧ Die Sahne steifschlagen und auf das Dessert geben. Mit kandierten Kirschen und gehackten Nüssen garnieren.

VARIATION Die Schokoladensauce durch Marshmallowsauce ersetzen oder diese zusätzlich verwenden (siehe Seite 126). Ananas oder Himbeeren weglassen oder durch andere Früchte ersetzen.

## ✧ GEEISTE MELONEN ✧

| ✧ ZUTATEN ✧ |
|---|
| FÜR 4 PERSONEN |
| *2 mittelgroße Honigmelonen* |
| *500 ml Zuckersirup* |
| *50 ml Kirschwasser, Maraschino, Portwein oder Sherry* |

### ✧ ZUBEREITUNG ✧

✧ Die Melonen halbieren und die Kerne entfernen. Das Fruchtfleisch auslösen, aber die Schale nicht verletzen. Beiseite stellen.

✧ Aus dem Fruchtfleisch einer Melone ein Sorbet bereiten.

✧ Das Fleisch der anderen Melone in Würfel schneiden und im Alkohol ziehen lassen.

✧ Abwechselnd Lagen aus Fruchtstücken und Sorbet in die Melonenschalen schichten. Mit Sorbet aufhören. Die Schalen mit Wasser bestreichen und ins Tiefkühlfach stellen. 15 Minuten vor dem Servieren herausnehmen.

✧ Geeiste Melonen kann man entweder als Dessert oder als Vorspeise servieren.

VARIATION Nur eine Melone verwenden und noch eine Schicht Preiselbeersorbet (siehe Seite 85) dazugeben.

Man kann auch verschiedene Melonensorten verwenden und kombinieren. Oder man verwendet eine sehr große Melone zum Servieren und füllt sie mit dem Fruchtfleisch anderer Melonensorten, mit Ananasstückchen, geschnittenen Orangen, Mangos, Erdbeeren oder anderen Früchten und mit verschiedenen Sorbet- und Eiscremesorten.

# ✧ COUPE JACQUES ✧

## ✧ ZUTATEN ✧

| FÜR 4 PERSONEN |
|---|
| *4 EL gewürfeltes frisches Obst* |
| *2 EL Zuckersirup oder Kirschlikör* |
| *250 ml Zitroneneis* |
| *250 ml Erdbeereis* |

## ✧ ZUBEREITUNG ✧

✧ Das Obst in einer Schüssel 1 Stunde in Sirup oder Kirschlikör ziehen lassen. Alle Obstsorten können verwendet werden.

✧ Je eine Kugel Erdbeer- und Zitroneneis in ein Glas oder einen Eisbecher füllen und einen Löffel Obst daraufgeben. Übrigen Sirup oder Kirschlikör auf die Gläser verteilen. Mit Sahne und gezuckerten Früchten verzieren.

VARIATION Dies ist der klassische „Coupe Jacques“, aber auch andere Obst-, Likör- und Eissorten können verwendet werden, je nach Geschmack und Saison. Die Früchte sollen in Alkohol getränkt werden und das Eis sollte auf die jeweiligen Obstsorten abgestimmt sein. Die Schlagsahne kann man ungesüßt oder mit Vanillezucker gesüßt darübergeben. Gezuckerte Früchte zum Garnieren nicht vergessen.

## ✧ PFIRSICH „KARDINAL“ ✧

### ✧ ZUTATEN ✧

FÜR 4 PERSONEN

*175 g Zucker*
*250 ml Wasser*
*1 Vanilleschote (nach Geschmack)*
*2 große Pfirsiche*
*450 ml Erdbeereis*
*4 EL rotes Johannisbeergelee*
*1 EL Kirschlikör*

### ✧ ZUBEREITUNG ✧

✧ Den Zucker in Wasser bei mittlerer Hitze unter Rühren auflösen.

✧ Die aufgeschlitzte Vanilleschote in den Topf geben oder etwas Vanillezucker verwenden.

✧ Die Pfirsiche für 2 Minuten in kochendes Wasser legen, dann die Haut abziehen. Die Früchte halbieren und entsteinen. Im Sirup weichkochen und darin abkühlen lassen.

✧ Das Johannisbeergelee mit dem Kirschlikör verrühren, bis es glatt ist.

✧ Je zwei Kugeln Eis in eine Dessertschale geben. Eine Pfirsichhälfte mit der runden Seite nach oben darauflegen und mit etwas Johannisbeergelee garnieren.

# ✧ PFIRSICH MELBA ✧

| ✧ ZUTATEN ✧ |
| --- |
| FÜR 4 PERSONEN |
| *250 g Himbeeren* |
| *eine halbe Zitrone* |
| *50 g Zucker* |
| *2 EL Gin, Kirschwasser oder Cointreau (nach Geschmack)* |
| *2 große Pfirsiche* |
| *450 ml Vanilleeis* |

## ✧ ZUBEREITUNG ✧

✧ Die Himbeeren mit dem Zitronensaft und Zucker 5 Minuten köcheln lassen. Ständig rühren, damit der Zucker ganz aufgelöst wird. Etwas abkühlen lassen und die Himbeeren durch ein Sieb streichen, um die Kerne zu entfernen. Den Alkohol dazugeben und alles erkalten lassen.

✧ Die Pfirsiche für 2 Minuten in kochendes Wasser legen und dann enthäuten, halbieren und entsteinen.

✧ Die Früchte ganz auskühlen lassen.

✧ In jeden Dessertbecher zwei Eiskugeln geben und eine Pfirsichhälfte mit der gerundeten Seite nach oben darauflegen. Die Himbeersauce vorsichtig über die Pfirsiche gießen.

# ✧ BIRNE HÉLÈNE ✧

## ✧ ZUTATEN ✧

FÜR 4 PERSONEN

*175 g Zucker*

*250 ml Wasser*

*1 Vanilleschote (nach Geschmack)*

*2 große Birnen*

*250 g Blockschokolade, in Stückchen*

*250 ml Wasser*

*125 g Butter*

*450 ml Vanilleeis*

## ✧ ZUBEREITUNG ✧

✧ Den Zucker in 250 ml Wasser bei mittlerer Hitze unter Rühren auflösen.

✧ Die Vanilleschote, falls verwendet, dazugeben oder Vanillezucker verwenden.

✧ Die Birnen schälen, halbieren und das Kerngehäuse entfernen. Die Hälften in den Sirup geben und köcheln, bis sie weich sind. Im Sirup abkühlen lassen.

✧ Die Schokolade mit 250 ml Wasser zum Schmelzen bringen. Gelegentlich rühren, bis die Creme glatt ist. Die Butter in Stückchen schneiden und in die Sauce einrühren.

✧ Die Birnen gut abtropfen lassen und je eine Hälfte in eine Dessertschale legen. Vorsichtig die heiße Schokoladensauce darübergießen.

VARIATION Für die Sauce die Hälfte der Butter durch 50 ml flüssige Sahne ersetzen.

## ✧ CHOCOLATE LIÈGOIS ✧

### ✧ ZUTATEN ✧

FÜR 4 PERSONEN

*450 ml Schokoladeneis (siehe Seite 22)*

*1 Portion Schokoladensauce nach Rezept*

*125 ml Sahne*

*4 TL Schokoladenstreusel*

*4 kandierte oder Maraschino-Kirschen*

### ✧ ZUBEREITUNG ✧

✧ Entweder ein hohes Glas oder eine flache Schale verwenden. Ein hohes, schmales Gefäß ist am geeignetsten. Je zwei Kugeln Schokoladeneis in jeden Becher geben, die Sauce über das Eis gießen, Sahne darübergeben und alles mit Schokoladenstreusel und einer Kirsche garnieren. In Frankreich steckt man häufig ein Papierschirmchen oder Wunderkerzen in das Eis. Liègois sind traditionell sehr süß und klebrig, mit sehr viel Sahne.

VARIATION Verwenden Sie unterschiedliche Eissorten mit dazu passenden Saucen. Zum Beispiel Kaffeeis und Kaffeesauce, Vanilleeis mit zerstoßenen Ananas oder Pfirsichen, Erdbeer- oder Himbeereis mit Himbeersauce.

## ✧ WEIHNACHTSBECHER ✧

### ✧ ZUTATEN ✧

FÜR 4 PERSONEN

*450 ml Vanilleeis (siehe Seite 14 und 16)*

*225 ml Mincemeat (gehackte Früchte zum Füllen von Kuchen und Torten)*

*1 EL Rum oder Brandy*

### ✧ ZUBEREITUNG ✧

✧ Zwei Kugeln Eis in jede Dessertschale geben.

✧ Den Rum oder Brandy in das Obst rühren und langsam erhitzen.

✧ Mit einem Löffel über dem Eis verteilen und sofort servieren.

VARIATION Statt des Vanilleeis' kann man auch Orangen- oder Zitronensorbet verwenden. Oder man läßt das Eis etwas weich werden und verrührt es mit Kastanienpüree, Kaffee- oder Schokoladensauce und friert es wieder ein bis zum Gebrauch.

GEGENÜBER: Chocolate Liègois (siehe oben)

## PARTY-BECHER ✧

### ✧ ZUTATEN ✧

FÜR 8 PERSONEN

*900 ml Eiscreme*
*450 ml Früchte*
*225 ml Nüsse*
*450 ml Sauce*
*geschlagene Sahne*
*Schokoladenstreusel*
*kandierte oder Maraschino-Kirschen*

### ✧ ZUBEREITUNG ✧

✧ Ein Party-Becher sollte so vielfältig wie möglich sein, damit jeder seinen Becher nach dem persönlichen Geschmack füllen kann. Man sollte mindestens zwei, lieber aber mehrere Eis- und Sorbetsorten bereithalten. Besonders lecker sieht es aus, wenn man ein paar Stunden vor dem Verzehr viele Eiskugeln formt und in sie verschiedenen „Panaden" wälzt, z.B. in Schokoladenstreuseln, gehackten Nüssen, gerösteten Kokosraspeln, Waffelkrümeln oder Biskuitbröseln. Die Kugeln auf eine Platte legen und bis zum Zusammenstellen der Becher ins Gefrierfach stellen.

✧ Das Obst kann aus frischen Früchten, Dosenfrüchten oder pochierten Früchten kombiniert werden. Es wird entweder in Apfelsaft, Sirup oder Alkohol gekocht, kann zerstoßen oder in Stücken serviert werden.

✧ Die Nüsse hacken oder blättrig schneiden. Am besten eine Mischung aus Erdnüssen, Kokosnuß, Pistazien, Mandeln, Walnüssen oder Pekannüssen verwenden.

✧ Mindestens eine Fruchtsauce plus zwei andere Saucen, wie Schokoladen-, Kaffee-, Marshmallow- oder Karamelsauce zubereiten. Die Saucen können heiß oder kalt sein oder auch kombiniert. Auch eine Auswahl an Likören sollte angeboten werden.

✧ Waffeln, Biskuits, Meringen, Marshmallows oder andere Süßigkeiten können ebenfalls serviert werden. Das Wichtigste ist, eine breite Auswahl an Zutaten zur Verfügung zu stellen.

✧ Ein große Schüssel Sahne krönt das Ganze, und alles wird mit Kirschen garniert.

# ✧ Flambierte Bananen ✧

## ✧ ZUTATEN ✧

FÜR 4 PERSONEN

*450 ml Vanilleeis*
*4 Bananen*
*60 g Butter*
*60 g brauner Zucker*
*1 Limone*
*2 Orangen*
*50 ml Grand Marnier oder Rum*

## ✧ ZUBEREITUNG ✧

✧ Die Bananen der Länge nach durchschneiden. In der geschmolzenen Butter anbräunen, herausnehmen und zwei Hälften in je eine Dessertschale legen. Zwei Kugeln Eis daraufgeben.

✧ Den Zucker in der Butter bei milder Hitze rühren, bis er sich ganz aufgelöst hat. Den Limonen- und Orangensaft dazugeben. Wenn die Sauce Blasen wirft, den Rum oder Grand Marnier dazugießen und anzünden. Über das Eis geben und sofort servieren.

VARIATION Ingwereis verwenden und 2 Löffel eingelegte Ingwerstangen (in Würfel geschnitten) hineinrühren. Statt der Bananen kann man Ananasscheiben oder Pfirsichschnitze nehmen.

Die Sauce mit 1 EL Orangenwasser beleben.

# ✧ FLAMBIERTER KIRSCHBECHER ✧

## ✧ ZUTATEN ✧

| FÜR 4 PERSONEN |
|---|
| *450 ml Eiscreme* |
| *225 g schwarze Kirschen* |
| *1 EL Zucker* |
| *1 EL Speisestärke* |
| *225 ml Wasser oder Fruchtsaft* |
| *50 ml Brandy* |

## ✧ ZUBEREITUNG ✧

✧ Am besten ist Vanille-, Kirsch- oder Orangeneis, bzw. Kirsch-, Orangen- oder Zitronensorbet. Eine Eiscreme auf Joghurtbasis kann ebenfalls verwendet werden.

✧ Eis- oder Sorbetkugeln in einer großen Glasschüssel anrichten.

✧ Die Kirschen abtropfen lassen und entsteinen.

✧ Zucker und Speisestärke vermischen und Wasser oder Obstsaft einrühren. Langsam erhitzen, bis die Sauce dickflüssig wird. Die Kirschen dazugeben und 3 bis 4 Minuten erhitzen.

✧ Den Brandy anwärmen, über die Kirschsauce gießen und anzünden. Die Sauce über das Eis geben und sofort servieren.

VARIATION Statt Obstsaft kann man Rotwein nehmen, dem man 1 TL Zitronensaft beigibt. Den Brandy durch Kirschlikör ersetzen.

## ✧ Eiscreme-Sodas ✧ Schokoladensirup ✧

### ✧ ZUTATEN ✧

FÜR 1 PERSON

*2 EL Schokoladen-, Kaffee- oder Obstsirup*
*50 ml Milch*
*125 ml Eiscreme nach Geschmack*
*125 ml Mineralwasser*
*geschlagene Sahne*
*Schokoladenstreusel*
*kandierte oder Maraschino-Kirschen*

### ✧ ZUBEREITUNG ✧

✧ Sirup und Milch in ein großes Glas gießen und verrühren.
✧ Zwei Kugeln Eis in das Glas geben.
✧ Mit Mineralwasser auffüllen und mit einem langen Löffel verrühren.
✧ Einen Schlag Sahne daraufsetzen und mit Schokoladenstreusel bestreuen. Mit einer Kirsche garnieren.

### ✧ ZUTATEN ✧

ERGIBT 225 ML

*50 g ungesüßtes Kakaopulver*
*225 g Zucker*
*1 Prise Salz*
*225 ml kochendes Wasser*
*1/2 TL Vanilleessenz*

### ✧ ZUBEREITUNG ✧

✧ Kakao, Zucker und Salz vermengen. Das kochende Wasser einrühren. Bei mittlerer Hitze rühren, bis der Sirup glatt und dickflüssig ist. Die Vanilleessenz dazugeben.
✧ Den Sirup in einem verschlossenen Gefäß aufbewahren, da er für mehrere Desserts ausreicht.

## ✧ *PARTY-PUNSCH* ✧

### ✧ *ZUTATEN* ✧

FÜR 10 BIS 12 PERSONEN

*2 Flaschen süßer Weißwein*

*675 ml Sorbet (Scherbet)*

### ✧ *ZUBEREITUNG* ✧

✧ Verschiedene Sorbetkugeln in eine große Schüssel geben, den Wein darübergießen und alles in Punschgläsern servieren.

VARIATIONEN Champagner und Orangensaft zu einem „Bucks Fizz" oder Cassis und Weißwein zu einem „Kir" mischen. Über das Sorbet gießen.

Man kann dem Punsch ganze Fruchtstücke beigeben – Himbeeren, Erdbeeren, Pfirsiche, Aprikosen, Melonenstücke – so daß jedes Glas eine Kugel Sorbet, ein Stück Obst und etwas Alkohol enthält.

Statt des Weißweins Rotwein verwenden.

Brandy oder einen Likör nach Geschmack dazugeben. Man kann den Punsch mit Mineralwasser oder Orangensaft strecken. Je größer die Menge ist, desto besser schmeckt der Punsch, da er dann mehr Zutaten enthält.

Man kann das Sorbet im voraus zubereiten. Die Kugeln auf ein mit Pergamentpapier belegtes Tablett verteilen und bis zum Servieren ins Tiefkühlfach stellen.

Um dem Punsch ein exotisches Aussehen zu verleihen, serviert man ihn in einer ausgehöhlten Wassermelone, oder in kleinen Melonenschalen, Orangen- oder Ananasschalen oder einer Kokosnuß. Am einfachsten serviert man einzelne Portionen, indem man in ein Sektglas den Likör oder anderen Alkohol gibt, eine Kugel Sorbet oder Eiscreme daraufsetzt und mit Weißwein, Sekt, Rotwein, Fruchtsaft oder Limonade aufgießt. Bei einem Kinderpunsch läßt man den Alkohol weg.

# ✧ MILCHSHAKES ✧

## ✧ SCHOKOLADEN-MILCHSHAKE ✧

### ✧ ZUTATEN ✧

FÜR 4 PERSONEN

*4 EL Schokoladensirup*

*575 ml Milch*

*225 ml Schokoladeneis (siehe Seite 21)*

### ✧ ZUBEREITUNG ✧

✧ Sirup, Milch und Eis in einem Mixer verrühren.
✧ Schlagen, bis die Flüssigkeit glatt und schaumig ist. Mit geschlagener Sahne, geriebener Schokolade oder einem Marshmallow garnieren.
✧ Statt des einfachen Schokoladeneis' kann man auch jede Variante, z.B. Mokkaeis, Minzeeis oder Kirscheis verwenden.

## ✧ BANANEN-MILCHSHAKE ✧

### ✧ ZUTATEN ✧

FÜR 4 PERSONEN

*4 Bananen*

*900 ml Milch*

*225 ml Eis*

### ✧ ZUBEREITUNG ✧

✧ Die Bananen schälen und hacken. Mit Milch und Eis in einen Mixer geben und schlagen, bis die Milch glatt und schaumig ist. Je nach Geschmack kann man Vanille-, Bananen-, Schokoladen-, Ananaseis oder irgendeine andere Sorte nehmen. In große Gläser gießen und mit geriebener Schokolade bestreuen.

## ✧ GEEISTER „GRASHÜPFER“ ✧

| ✧ ZUTATEN ✧ |
|---|
| FÜR 4 PERSONEN |
| *450 ml Pistazieneis (siehe Seite 20)* |
| *50 ml Crème de Menthe* |
| *50 ml Crème de Cacao* |

### ✧ ZUBEREITUNG ✧

✧ Alle Zutaten in einen Mixer geben und zu einer glatten, zähen Flüssigkeit verrühren. Hohe Gläser mit dem Rand in Zucker tauchen, mit der Eisflüssigkeit füllen und mit Minzeblättern garnieren, die vorher in Eiweiß getaucht wurden.

## ✧ GEEISTER „JULEP“ ✧

| ✧ ZUTATEN ✧ |
|---|
| FÜR 4 PERSONEN |
| *450 ml Minze- oder Vanilleeis* |
| *50 ml Crème de Menthe* |
| *50 ml Southern Comfort oder Bourbon Whiskey* |

### ✧ ZUBEREITUNG ✧

✧ Alle Zutaten in einem Mixer verrühren. In hohe Gläser zerstoßenes Eis geben, das Getränk darübergießen und mit einem Minzezweig garnieren.

## ✧ GEEISTER „LATIN FLIP“ ✧ „DOWN HOME SHAKE“ ✧

### ✧ ZUTATEN ✧

FÜR 4 PERSONEN

*450 ml Kaffee-, Rum- oder Schokoladeneis (siehe Seite 21)*

*125 ml Tia Maria, Kahlua oder Crème de Cacao*

*225 ml Milch*

### ✧ ZUBEREITUNG ✧

✧ Wie bei „Geeister Grashüpfer“. Mit Schokoladenstreuseln garnieren.

### ✧ ZUTATEN ✧

FÜR 4 PERSONEN

*450 ml Schokoladen-, Rum- oder Ingwereis oder Zitronensorbet (siehe Seite 21, 29)*

*1 EL Honig*

*50 ml dunkler Rum*

*225 ml Milch*

### ✧ ZUBEREITUNG ✧

✧ Alle Zutaten verrühren (siehe „Grashüpfer“). Das Minzeblatt weglassen und die Gläser mit geriebener Schokolade oder einer Prise Zimt und geriebenem Ingwer bestreuen.

## ✧ Frische Obstshakes ✧

### ✧ ZUTATEN ✧

FÜR 4 PERSONEN

*225 g frisches Obst*

*900 ml Milch*

*225 ml Eiscreme oder Sorbet*

### ✧ ZUBEREITUNG ✧

✧ Fast jede Obstsorte ist für diesen Shake geeignet, z.B. Himbeeren, Erdbeeren, Pfirsiche, Aprikosen oder Ananas. Die Früchte zerdrücken oder pürieren, die Milch und eine passende Eis- oder Sorbetsorte dazugeben. Alles in einen Mixer füllen und zu einer glatten, schaumigen Flüssigkeit verrühren. In großen Gläsern mit einem Stück Obst servieren.

VARIATION Man kann auch gefrorene Früchte (angetaut) oder Dosenfrüchte (gut abgetropft) verwenden.

Soll der Shake sehr süß werden, ersetzt man das Obst durch 125 g Marmelade.

Einen anderen Eindruck erhält man, wenn die Milch durch Obstsaft ersetzt wird. Verschiedene Obstsorten ergeben mit Orangen-, Apfel- oder Ananassaft und dem Eis ein köstliches Getränk.

Ein Schuß Likör verfeinert den Shake. Soll er besonders dickflüssig sein, nimmt man mehr Eiscreme und weniger Flüssigkeit.

## ✧ Joghurtshakes ✧

### ✧ ZUTATEN ✧

FÜR 4 PERSONEN

*300 ml Joghurt*

*575 ml Milch*

*225 ml Eiscreme oder Sorbet*

### ✧ ZUBEREITUNG ✧

✧ Joghurt und Eis nach Geschmack auswählen.

✧ Mit der Milch in einem Mixer verrühren, bis die Flüssigkeit glatt und schaumig ist.

# ✧ GEEISTER DAIQUIRI ✧ KARIBIK-FLIP ✧

## Geeister Daiquiri

### ✧ ZUTATEN ✧

FÜR 4 PERSONEN

*125 g Eiswürfel*
*125 ml weißer Rum*
*450 ml Sorbet oder Eiscreme*
*125 g frisches Obst*

### ✧ ZUBEREITUNG ✧

✧ Die Eiswürfel zerstoßen und mit Rum und dem Sorbet oder Eis in einen Mixer füllen. Das Obst dazugeben und alles zu einer dicken, schaumigen Flüssigkeit verrühren.

✧ Verwenden Sie entweder frisches Fruchteis (Himbeer, Erdbeer, Aprikose, Ananas oder Banane) oder ein Weißwein- oder Cidresorbet mit dazu passenden Früchten.

## Karibik-Flip

### ✧ ZUTATEN ✧

FÜR 4 PERSONEN

*450 ml Rum- oder Schokoladeneis (siehe Seite 21)*
*225 ml Milch*
*2 TL Instantkaffeepulver*
*125 ml dunkler Rum oder Brandy*
*2 TL Cointreau oder Curaçao*

### ✧ ZUBEREITUNG ✧

✧ Alle Zutaten in einen Mixer füllen (siehe Seite 58). Mit einer Zimtstange oder einer Prise gemahlenem Zimt und einer gedrehten Orangenschale garnieren.

## ✧ Sorbet und Glühwein ✧ Gewürzter Cidre ✧

### ✧ ZUTATEN ✧

FÜR 12 BIS 15 PERSONEN

*2 Flaschen Rotwein*
*2 Orangen*
*1 Zitrone*
*1 Stange Zimt*
*1 Prise Muskatpulver*
*300 ml kochendes Wasser*
*50 ml Brandy oder Cointreau (nach Geschmack)*
*450 ml Sorbet (oder Scherbet)*

### ✧ ZUBEREITUNG ✧

✧ Den Wein mit den Orangen und der Zitrone (jeweils in Scheiben geschnitten), Zimt und Muskat erhitzen, aber nicht aufkochen. 15 Minuten simmern lassen. Das kochende Wasser und den Brandy oder Cointreau zugießen.
✧ Den Wein in Gläser verteilen und eine Kugel Sorbet – am besten Orangen- oder Zitronensorbet – oder ein Weißweinsorbet dazugeben.

### ✧ ZUTATEN ✧

FÜR 8 PERSONEN

*1 1/2 l Cidre*
*50 g brauner Zucker*
*1 Stange Zimt*
*3 Nelken*
*1/2 TL Allgewürz*
*450 ml Sorbet (Apfel, Orange oder Zitrone; siehe Seite 85 und 86)*
*Muskatpulver*

### ✧ ZUBEREITUNG ✧

✧ Den Zucker im Cidre bei mittlerer Hitze unter Rühren auflösen. Die Gewürze dazugeben und alles 10 Minuten simmern lassen.
✧ Die Gewürze entfernen und den Cidre mit einer Kelle in die Gläser füllen. Eine Kugel Sorbet dazugeben und mit einer Prise Muskat bestreuen.

## ✧ KARIBIK-KAFFEE ✧

### ✧ ZUTATEN ✧

FÜR 4 PERSONEN

*575 ml starker schwarzer Kaffee (heiß)*

*225 ml Eiscreme (Vanille, Schokolade, Ingwer oder Kaffee; siehe die Seiten 14, 16, 21 und 29)*

*4 EL Rumsauce (siehe Seite 126)*

### ✧ ZUBEREITUNG ✧

✧ Den Kaffee in Tassen füllen, eine Kugel Eis dazugeben und auf jede Portion einen Löffel Sauce geben.

## ✧ HEISSE SCHOKOLADE MIT EIS ✧

### ✧ ZUTATEN ✧

FÜR 4 PERSONEN

*900 ml Milch*

*50 g Schokolade*

*1 TL Vanilleessenz*

*225 ml Eiscreme (Vanille oder Schokolade; siehe Seite 14, 16 und 21)*

*geschlagene Sahne*

*1/2 TL Zimt (nach Geschmack)*

### ✧ ZUBEREITUNG ✧

✧ Die zerbröckelte Schokolade in der Milch erhitzen, bis sie geschmolzen ist. Mit einem Schneebesen die Vanilleessenz einrühren.

✧ Die Schokolade in Tassen gießen, eine Kugel Eis dazugeben und einen Löffel Schlagsahne daraufsetzen. Auf jede Portion etwas Zimt streuen und sofort servieren.

VARIATION

*2 TL Pulverkaffee*

*900 ml Milch (heiß)*

*2 EL ungesüßtes Kakaopulver*

*2 EL Zucker oder Honig*

*125 ml kochendes Wasser*

✧ Das Kaffeepulver in der Milch auflösen.

✧ Das Kakaopulver, Zucker oder Honig im heißen Wasser auflösen, in die Milch einrühren und wie oben weitermachen.

RECHTS: Karibik-Kaffee
LINKS: Heiße Schokolade mit Eis

# *EISDESSERTS*

DAS ANGEBOT an industriell .hergestelltem Speiseeis hat sich in jeder Hinsicht vergrößert. Die verschiedensten Spezialitäten aus verschiedenen Ländern haben eine „neue Welt" des Desserts eröffnet und lassen keine Wünsche offen. Maßgeblich beteiligt sind hierbei die Eiskonditoren aus den USA und aus Italien.

Die geeisten Meisterwerke, die im letzten Jahrhundert bei Banketten aufgefahren wurden, bleiben zwar unübertroffen, dagegen hat die heutige Küchentechnik große Neuerungen ermöglicht. So demonstrierte unlängst ein Physikprofessor aus Oxford, daß ein „umgekehrtes" Omelet en Surprise möglich ist. Er verschloß eine Portion Marmelade in einem Riegel Speiseeis und erhitzte beides in einem speziell umgewandelten Mikrowellenherd. Die Marmelade wurde heiß, aber das Eis blieb kalt! Aus diesem Experiment ergeben sich enorme Möglichkeiten.

Auch auf die Optik wird zusehends mehr Wert gelegt. Fruchtsaucen werden in hübschen Mustern auf dekorativen Tellern angerichtet und mit Kugeln von Sorbet im Stil der Nouvelle Cuisine belegt. Dabei wird besonders schmuckvolles Geschirr verwendet; ungewöhnlich geformte und gefärbte Gefäße, Gläser und Schüsseln ergänzen die traditionellen Kelche und Parfait-Gläser. Darüber hinaus werden ständig neue, eßbare „Behälter" geschaffen: Körbchen aus frischem Biskuit, Meringen, Eierteiggebäck und kleine Tortenböden. Und zusammen mit in Schokolade oder Sirup getauchten Haferflocken, kleinen Biskuitböden, leichten Kuchen und großen Keksen entstehen die phantasievollsten Eiskreationen. Die folgenden Rezepte stellen einige „Klassiker" und einige Neuheiten vor. Lassen Sie sich inspirieren!

| | |
|---|---|
| *EISBOMBE* | *69* |
| *CASSATA* | *70* |
| *SCHNELLE EISTORTE* | *71* |
| *OMELET EN SURPRISE* | *72* |
| *EIERGEBÄCK MIT SCHOKOLADENFONDUE-SAUCE* | *75* |
| *SCHOKOLADENKÄSTCHEN* | *76* |
| *HASELNUSS-EISTORTE* | *77* |
| *KNUSPRIGER EISRING* | *78* |
| *SCHOKOLADENEIS-RING* | *78* |
| *MERINGEN TORTE* | *81* |

## ✧ *EISBOMBE* ✧

### ✧ ZUTATEN ✧

FÜR 8 BIS 10 PERSONEN

*300 ml Kaffee-Eis (siehe Seite 14)*

*300 ml Pekan- oder Mandeleis (siehe Seite 20)*

*50 g dunkle Schokolade, in Stückchen*

*2 Eier*

*2 EL Tia Maria, Crème de Cacao oder Cointreau*

*2 EL Brandy*

*50 ml Sahne*

### ✧ ZUBEREITUNG ✧

✧ Das Kaffee-Eis etwas weich werden lassen und über die Innenseite einer gekühlten Eisbombenform streichen. Die Form sollte aus Metall sein. Eine Plastikform legt man mit Folie aus, damit die gefrorene Bombe leichter aus der Form zu lösen ist. 30 Minuten gefrieren.

✧ Das Nuß- oder Mandeleis etwas weich werden lassen und auf das Kaffee-Eis streichen. 30 Minuten gefrieren lassen.

✧ Während das Eis fest wird, die Füllung vorbereiten. Die Schokoladenstückchen in einem Wasserbad schmelzen. Die Eier leicht schlagen und einrühren. Likör und Brandy dazugießen und alles abkühlen lassen.

✧ Die Sahne leicht schlagen und vorsichtig in die Schokoladenmischung rühren.

✧ Diese Mousse in die Eisbombe füllen. Ein rundes Pergamentpapier über die Form legen und diese ins Tiefkühlfach stellen. Zum Servieren die Form in eine Schüssel mit heißem Wasser tauchen, die Ränder mit einem dünnen Messer lösen und die Bombe auf eine Platte stürzen. Kurz noch einmal ins Gefrierfach stellen und dann rasch garnieren, z.B. mit gespritzter Sahne, Engelwurz oder kandierten Kirschen, gerösteten Nüssen, geriebener Schokolade oder Obststückchen.

VARIATION Es gibt unzählige Variationen dieses Rezepts. Versuchen Sie eine der folgenden Abwandlungen.

Ahorn-Walnuß-Eis, Kaffee-Eis und eine Füllung aus Karamelsauce, mit geschlagener Sahne aufgelockert.

Vanilleeis, die Hälfte mit Rumfrüchten, in Sherry oder Kirschwasser eingelegten Früchten, mit Schokoladen- oder Pralinenstückchen vermischt.

Schokoladen- und Vanilleeis mit einer Füllung aus Pistazieneis, einem Fruchtsorbet oder Stückchen von Früchten, die in Brandy oder Likör eingeweicht wurden.

Schokoladen- und Kirscheis mit einer Füllung aus Kirschen, in Kirschwasser eingelegt.

Eis aus roten Früchten (Himbeeren, Erdbeeren und Johannisbeeren) und eine Schicht Weinsorbet mit einer Füllung aus zerstoßenen Früchten.

Pfirisch- oder Aprikoseneis, eine Schicht Weißwein- oder Champagnersorbet und eine Füllung aus zerstoßenen Früchten oder Würfeln aus Trockenobst, in Wein eingeweicht.

Kaffee-, Schokoladen- oder Mandeleis mit einer Kastanien-Mousse-Füllung.

Es ist wichtig, wenn man eine Eisbombe zubereitet, darauf zu achten, daß sie nicht nur köstlich schmeckt, sondern auch appetitlich aussieht, wenn sie aufgeschnitten ist. Verwenden Sie deshalb Eis von unterschiedlicher Farbe und eine kontrastierende Füllung. Eis auf Milchbasis ist für die beiden äußeren Schichten am besten geeignet. Die innerste Schicht sollte ganz anders sein, entweder ein Sorbet, eine Mousse, zerstoßene Früchte mit Alkohol gemischt, zerstoßene Meringen oder Makronen mit Likör oder Schlagsahne mit gehackten kandierten Früchten.

Wenn die innerste Schicht 1 Stunde gefroren ist, kann man die Eisbombe aus dem Tiefkühlfach nehmen und die Form mit einer Kuchenscheibe oder einer weiteren Eisschicht verschließen.

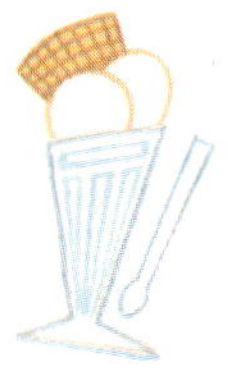

# ✧ CASSATA ✧

## ✧ ZUTATEN ✧

FÜR 8 PERSONEN

| |
|---|
| *450 ml Erdbeereis (siehe Seite 24)* |
| *50 g Pistazienkerne* |
| *50 g kandierte Kirschen* |
| *50 g Rosinen* |
| *2 EL Brandy oder Likör* |
| *50 g Schokoladenbröckchen* |
| *450 ml Vanilleeis (siehe Seite 14 und 16)* |

## ✧ ZUBEREITUNG ✧

✧ Das Erdbeereis etwas weich werden lassen, in eine Kastenform füllen und gefrieren.

✧ Die Pistazien hacken, die Kirschen würfeln. Die Kirschen und Rosinen eine Stunde in Brandy oder Likör einweichen.

✧ Das Vanileeis etwas weich werden lassen und mit den Nüssen, Früchten und Schokoladenbröckchen mischen. Das Vanilleeis in die Kastenform auf das Erdbeereis streichen und wieder gefrieren.

✧ Zum Servieren auf einen Teller stürzen und in Scheiben schneiden.

VARIATION Für ein neapolitanisches Eis läßt man 450 ml Vanille-, Erdbeer- und Schokoladeneis etwas weich werden und gibt es Schicht für Schicht in eine Kastenform. Nach jeder Schicht gefrieren, damit die Farben klar getrennt bleiben.

Diese klassiche Eiskombination kann man je nach Saison und persönlichem Geschmack variieren.

# ✧ SCHNELLE EISTORTE ✧

## ✧ ZUTATEN ✧

FÜR 8 PERSONEN

*24 Löffelbiskuits*

*2 EL Marsala, Sherry, Brandy, Rum, Likör oder Fruchtsaft*

*575 ml Eiscreme*

*225 ml Sahne*

*2 EL Kaffee-, Schokoladen-, Karamel- oder Fruchtsauce*

*50 g geröstete Mandelblättchen*

## ✧ ZUBEREITUNG ✧

✧ Die Hälfte der Löffelbiskuits in eine Kastenform legen, mit Wein, Likör oder Saft beträufeln. Das Eis etwas weich werden lassen und die Hälfte davon über die Biskuits verteilen. Eine zweite Lage Biskuits darauflegen und mit dem restlichen Eis bedecken. Zudecken und mindestens eine Stunde gefrieren.

✧ Die Sahne steifschlagen.

✧ Das Eis auf einen Teller stürzen. Mit der Sahne bestreichen und Sauce darüber träufeln. Mit den Mandeln garnieren.

VARIATION Zwei verschiedene Eis- oder Sorbetsorten verwenden.

Verschiedene Eissorten in 20 cm großen Kuchenformen gefrieren. Die verschiedenen Schichten aufeinander legen. Die Löffelbiskuits außen herum festdrücken und die Sahne auf der Oberseite verteilen. Die Sauce darüber träufeln.

# ✧ *Omelet en Surprise* ✧

| ✧ ZUTATEN ✧ |
|---|
| FÜR 8 BIS 10 PERSONEN |
| *1 Biskuitkuchen* |
| *3 EL Likör (nach Geschmack)* |
| *125 g Obst, in Stücken (nach Geschmack)* |
| *4 Eiweiß* |
| *1 Prise Weinstein* |
| *125 g Zucker* |
| *11/2 l Eiscreme* |
| *3 EL Puderzucker* |
| Elektroherd: 230° C; Gas: Stufe 8 |

# ✧ *OMELET EN SURPRISE* ✧

## ✧ *ZUBEREITUNG* ✧

✧ Den Kuchen zubereiten, ganz auskühlen lassen und entweder rund, rechteckig oder quadratisch zuschneiden. Der Kuchen sollte etwa 1 cm dick sein. Auf einen feuerfesten Teller legen und mit Likör, falls er verwendet wird, beträufeln.
✧ Die Fruchtstücke, falls verwendet, auf dem Kuchen verteilen. Jede Obstsorte, die zu Eis paßt, ist geeignet.
✧ Die Eiweiß mit Weinstein steifschlagen, aber nicht trocken werden lassen. Den Zucker langsam mit dem Schneebesen einrühren, bis die Meringe fest ist. Wenn sie zugedeckt ist, kann man die Meringe bis zum Gebrauch eine Stunde aufheben.
✧ Gut gefrorenes Eis auf die Früchte geben, bzw. direkt auf den Kuchenboden und so abschneiden, daß ein 1 cm breiter Rand frei bleibt. Die Meringe mit einem Löffel oder Spritzbeutel so verteilen, daß der Kuchen und das Eis ganz umhüllt sind. Mit gesiebtem Puderzucker bestreuen.
✧ Im vorgeheizten Rohr 5 Minuten backen, bis die Meringe hellbraun ist.
✧ Sofort servieren.

VARIATION Statt des Biskuitbodens eine Biskuitrolle verwenden. Mit Likör beträufeln, mit etwas weich gewordener Eiscreme bestreichen, mit Obstpüree oder Fruchtstückchen bedecken und zusammenrollen. In Alufolie wickeln und wie oben angegeben backen.

Für den Kuchenboden Schokoladenkuchen verwenden.

Eine große oder mehrere kleine gebackene Pastetenförmchen mit Eiskugeln füllen und mit der Meringe bedecken. Mit Puderzucker bestreuen und backen.

Frucht „Surprise“: Von einer Melone, Ananas, Orange, Limone oder Grapefruit das obere Ende abschneiden. Das Fruchtfleisch vorsichtig auslösen, ohne die Schale zu beschädigen. Das Fruchtfleisch hacken, mit Likör mischen und mehrere Stunden kühlen. Die Fruchtschalen mit dem Fleisch und einigen Kugeln Eis oder Sorbet füllen. Die Meringe darauf türmen. Mit Puderzucker bestreuen und nach Anweisung backen.

# ✧ Eiergebäck mit ✧ Schokoladenfondue-Sauce

## ✧ ZUTATEN ✧

FÜR 6 PERSONEN

GEBÄCK

*150 ml Wasser*
*50 g Butter*
*65 g Mehl*
*1 Prise Salz*
*2 Eier*

SCHOKOLADENFONDUE-SAUCE

*300 g Zucker*
*150 ml Wasser*
*125 g dunkle Schokolade, in Stückchen*
*125 g Vollmilchschokolade, in Stückchen*
*5 EL Butter*
*2 1/2 EL Sahne*
*5 EL Rum, Brandy, Grand Marnier oder Cointreau*
*750 g Eis*

Elektroherd: 200° C; Gas: Stufe 7

## ✧ ZUBEREITUNG ✧

✧ Zuerst das Eiergebäck zubereiten: Das Wasser und die Butter erhitzen, bis das Wasser kocht und die Butter sich aufgelöst hat. Mehl und Salz sieben. Auf einmal in die Wasser-Butter-Mischung geben und bei mittlerer Hitze unter Rühren weiterkochen, bis der Teig sich zu einer Kugel formt und sich vom Topf löst. Vom Feuer nehmen.
✧ Die Eier nacheinander in den Teig schlagen und weiterrühren, bis er glänzend und fest genug ist, um die Form zu halten. Mit einem Löffel oder einem Spritzbeutel 24 Teigkugeln auf einem eingefetteten Backblech formen.
✧ Im vorgeheizten Rohr 15 Minuten backen. Auf einem Rost auskühlen lassen.
✧ Fondue-Sauce: Den Zucker im Wasser bei mittlerer Hitze auflösen. Abkühlen lassen.
✧ Die Schokolade in kleine Stücke brechen und mit der Sahne in einem Wasserbad schmelzen. Gelegentlich umrühren. Wenn die Schokolade geschmolzen ist, den Zuckersirup langsam einrühren. Den Alkohol dazugießen.
✧ Das Eiergebäck kurz vor dem Servieren halbieren und mit zwei kleinen Eiskugeln füllen, z.B. mit Vanille- und Schokoladeneis, oder Kirsch- und Schokoladeneis. Oder man nimmt eine Eiscreme- und eine Sorbetkugel.
✧ Das Gebäck auf eine große oder mehrere kleine Platten türmen und einen Löffel Sauce darübergießen. Die restliche Sauce getrennt servieren.
✧ Hinweis: Die Sauce kann warm oder kalt serviert werden.

VARIATION Die Schokoladensauce kann man durch Karamelsauce ersetzen.

# ✧ SCHOKOLADENKÄSTCHEN ✧

## ✧ ZUTATEN ✧

ERGIBT 8 STÜCK

*225 ml Eiscreme*

*450 g dunkle Schokolade*

*125 g Sahne*

*50 g Nüsse*

## ✧ ZUBEREITUNG ✧

✧ Bereiten Sie Ihre Lieblingseissorte zu. In einem Eiswürfeltablett gefrieren, damit man schöne Würfel erhält. Fertige Eiscreme etwas weich werden lassen und in eine Eiswürfelform drücken. Bis zum Gebrauch ins Tiefkühlfach stellen.

✧ Die Schokolade in einem Wasserbad schmelzen. Eine rechteckige flache Backform (z.B. für Biskuitrollen) mit Pergamentpapier auslegen und die Schokolade in einer dünnen Schicht daraufstreichen. 30 Minuten fest werden lassen. Mit einer weiteren Schicht Papier abdecken und das Blech umdrehen. Die untere Papierschicht vorsichtig ablösen und die Schokolade mit einem sehr scharfen Messer in 32 Quadrate schneiden.

✧ Die Eiswürfel auf ein mit Pergamentpapier belegtes Blech geben und vier Schokoladenplättchen um jeden Würfel drücken. Bis zum Servieren ins Tiefkühlfach stellen.

✧ Die Sahne steifschlagen. Mit einem Löffel oder einem Spritzbeutel auf den Schokoladenkästchen verteilen. Mit Nüssen garnieren. Am besten sind Mandeln oder Walnüsse, die mit Zuckersirup glasiert wurden (siehe Seite 97), oder man streut einfach gehackte Pistazienkerne, Walnüsse oder Mandeln darüber.

VARIATION Einen Biskuit- oder Schokoladenkuchen zubereiten und auf einem flachen Blech backen. Den Kuchen auskühlen lassen, in Würfel schneiden, die etwa die Größe von Eiswürfeln haben. Auf jeden Kuchenwürfel einen Eiswürfel setzen. Die Seiten des Kuchens mit geschmolzener Aprikosenmarmelade bestreichen. Die Schokoladenplättchen um die Würfel drücken und wie oben beschrieben fortfahren.

Die Sahne nach Geschmack süßen und Vanilleessenz, Rum oder einen Schuß Likör dazugeben.

# ✧ HASELNUSS-EISTORTE ✧

## ✧ ZUTATEN ✧

FÜR 8 BIS 10 PERSONEN

*3 Eier, getrennt*

*125 g Zucker*

*1 TL geriebene Zitronen- oder Orangenschale*

*75 g gemahlene Haselnüsse*

*50 g Kartoffelmehl*

*575 ml Eiscreme*

Elektroherd: 180° C; Gas: Stufe 4

## ✧ ZUBEREITUNG ✧

✧ Die Eidotter mit Zucker schlagen, die geriebene Schale und die Nüsse dazugeben.

✧ Die Eiweiß steifschlagen. Abwechselnd mit dem Kartoffelmehl unter die Nußmasse ziehen.

✧ Den Teig in zwei 20 cm große flache Backformen füllen. Im vorgeheizten Rohr 30 Minuten backen und auf einem Rost auskühlen lassen.

✧ Mehrere Stunden vor dem Servieren die Eiscreme zubereiten und in einer 20 cm großen Form gefrieren. Fertige Eiscreme etwas weich werden lassen, in eine Form pressen und wieder fest gefrieren.

✧ Um die Torte zusammenzusetzen, gibt man das Eis zwischen die beiden Kuchenscheiben.

VARIATION Anstelle der Haselnüsse eignen sich auch Walnüsse oder Mandeln.

Jede Kuchenart kann verwendet werden, wenn man sie in dünnen Schichten backt oder horizontal aufschneidet.

Mehr als zwei Kuchen- und eine Eisschicht übereinanderlegen.

Einen Löffel Brandy oder Likör über die Kuchenschichten träufeln.

Den Kuchen in einer Ringform backen und die Mitte mit Eis füllen. Oder eine Scheibe von oben abschneiden, die Mitte des Kuchens aushöhlen und mit Eiskugeln füllen. Mit frischen oder pürierten Früchten bestreichen und die abgeschnittene Scheibe wie einen Deckel darauflegen. Mit einer Butter-Zucker-Creme bestreichen und ins Tiefkühlfach stellen. Den Kuchen in kleine Förmchen backen, aushöhlen und mit Eiscreme füllen. Oder in einer Form für eine Biskuitrolle backen, mit Obst und weicher Eiscreme bestreichen und vor dem Garnieren mit geschlagener Sahne garnieren.

## ✧ KNUSPRIGER EISRING ✧

### ✧ ZUTATEN ✧

FÜR 6 BIS 8 PERSONEN

*225 g brauner Zucker*
*1 1/2 EL Maissirup*
*65 ml Milch*
*1 1/2 EL Butter*
*175 g Cornflakes oder Reis Crispies*
*575 ml Eiscreme (nach Geschmack)*

### ✧ ZUBEREITUNG ✧

✧ Den Zucker und den Sirup zusammen erhitzen. Rühren, bis der Zucker geschmolzen ist. 3 Minuten kochen lassen. In eine große Schüssel füllen und Milch und Butter einrühren. Die Cornflakes oder Crispies dazugeben und gut umrühren.
✧ Diese Masse in eine eingefettete Ringform (20 cm) streichen. Fest werden lassen. Auf eine Platte stürzen und den Ring mit Eis- oder Sorbetkugeln füllen.

VARIATION Verschiedene Ringformen verwenden.

Oder pressen Sie die Masse in ein paar Pastetenformen, bzw. eine große, und lassen Sie in der Mitte eine Höhlung, die mit Eis gefüllt werden kann.

## ✧ SCHOKOLADEN-EISRING ✧

### ✧ ZUTATEN ✧

FÜR 6 BIS 8 PERSONEN

*175 g Butter*
*175 g dunkle Schokolade*
*175 ml Maissirup*
*175 g Cornflakes oder Reis Crispies*
*575 ml Eiscreme*

### ✧ ZUBEREITUNG ✧

✧ Butter, Schokolade und Sirup gemeinsam schmelzen. Gut verrühren. Weiter verfahren wie beim Knusprigen Eisring (siehe links).

GEGENÜBER: Knuspriger Eisring (rechts) und Schokoladeneis-Ring (links)

# ◇ MERINGEN-TORTE ◇

## ◇ ZUTATEN ◇

FÜR 8 BIS 10 PERSONEN

*4 Eiweiß*

*225 g Zucker*

*575 ml Eiscreme*

*225 ml Sahne*

*16 kandierte Pekan- oder Walnußhälften (siehe Seite 97)*

Elektroherd: 160° C; Gas: Stufe 2

## ◇ ZUBEREITUNG ◇

◇ Die Eiweiß steifschlagen. Den Zucker löffelweise dazugeben und rühren, bis die Meringe steif ist. Vorsichtig in einen Spritzbeutel füllen.

◇ Zwei Backbleche mit Pergamentpapier auslegen und einen Kreis mit 22 cm Ø darauf markieren. Auf ein Blech die Meringenmasse in Kreisen verteilen, so daß die markierte Fläche ganz ausgefüllt ist. Die Oberfläche glattstreichen. Auf dem zweiten Blech die Meringe zu einem Ring im inneren Rand des Kreises formen. Jeweils drei parallele Linien spritzen, daß ein Gitter entsteht.

◇ Die Meringen im vorgeheizten Rohr 30 Minuten backen.

◇ Auf einem Rost auskühlen lassen. Wenn die Meringen ganz ausgekühlt sind, das Pergamentpapier vorsichtig abziehen. Wenn sie nicht sofort verwendet werden, in einen luftdichten Behälter geben.

◇ Das Eis mehrere Stunden vor dem Servieren zubereiten und in einer runden Form (22 cm Ø) gefrieren. Fertiges Eis etwas weich werden lassen, in die Form drücken und gefrieren.

◇ Um die Torte zusammenzusetzen, legt man die Meringenscheibe auf eine Platte und gibt eine Schicht oder mehrere Schichten verschiedener Eissorten darauf.

◇ Die Sahne sehr steif schlagen und auf das Eis verteilen. Darauf legt man vorsichtig das Meringengitter. Etwas hinunterdrücken, daß die Sahne durch die Öffnungen tritt. In jede Öffnung eine Nuß setzen und die Torte sofort servieren.

VARIATION Zu der ungebackenen Meringenmasse kann man Kaffeepulver (Instant), Kakaopulver oder gemahlene Nüsse mischen.

VACHERIN: Man macht eine Meringenscheibe und formt aus der restlichen Masse mehrere kleine Ringe. Nach dem Backen die große Meringe auf eine Platte legen und die Ringe aufeinanderschichten, daß ein Körbchen entsteht. Eine Schweizer Meringe zubereiten (siehe Seite 115) und damit die einzelnen Schichten verschließen (Spritzbeutel verwenden), dann horizontale Linien um das Körbchen spritzen und das Ganze mit einer Reihe von Rosetten krönen. 1 1/2 Stunden backen, bis die Meringentorte fest ist. Auskühlen lassen und mit Eis füllen. Frische Früchte auf dem Eis verteilen und alles mit einer Fruchtsauce garnieren.

# *SORBETS*

EINE AUSWAHL von Sorbet-Rezepten weckt natürlich das Interesse an der Herkunft geeister Desserts. Wie so oft in der Küchengeschichte, gibt es eine Menge Diskussionen darüber, von welchem Land die Idee ausging. Die Griechen und Römer gossen Honig und Sirup über Schnee, der von Läufern aus den Bergen der Umgebung geholt wurde. Die eigentliche „Speiseeisidee" wurde durch Marco Polo von China nach Europa gebracht. Zuvor hatten aber auch die Perser und Araber die Freuden geeister Desserts entdeckt, denn es sind Berichte überliefert, wonach Alexander der Große bei seiner Rückkehr aus Indien seinen Sklaven befahl, Eis von den Gletschern mitzunehmen.

Auf jeden Fall steht fest, daß die Italiener die Väter des „modernen" Speiseeises sind. Als im Jahr 1533 Katharina von Medici Heinrich II. von Frankreich heiratete, brachte sie einen Küchenchef mit, der die Geheimnisse der Eisherstellung kannte. Von dort kam diese Speise nach England an den Hof von Karl I., wobei nicht bekannt ist, ob sie durch einen französischen oder einen italienischen Koch eingeführt wurde. Karl I. soll den Küchenchef belohnt haben, weil er das Geheimnis nicht enthüllte, ihm auf der anderen Seite aber die Todesstrafe angedroht haben, für den Fall, daß er es doch tun sollte.

Im 17. Jahrhundert war die Eiscreme kein königliches Geheimnis mehr. Francisco Procopio, wieder ein Italiener, eröffnete in Paris ein Café, das ein klassischer Vorläufer der Eisdielen des 20. Jahrhunderts war. Karl II. von England ließ im St. James Park ein „Ice house" bauen, und die Adeligen im ganzen Land folgten seinem Beispiel. Diese Häuser wurden zur Lagerung riesiger Eisblöcke, aber auch von geschlagener Sahne und Vanillesaucen benutzt. In anderen europäischen Ländern dienten Höhlen, Keller und Brunnen zur Lagerung von Eis. Später brachten italienische Auswanderer das Speiseeis nach Amerika. Die ersten Eisrezepte tauchten um die Mitte des achtzehnten Jahrhunderts auf, als Eis aufgehört hatte, ausschließlich ein köstlicher Genuß für die Reichen zu sein.


| | |
|---|---|
| *ZUCKERSIRUP* | *85* |
| *CIDRE-APFEL-SORBET* | *86* |
| *BIRNEN-INGWER-SORBET* | *87* |
| *MELONENSORBET* | *88* |
| *PFEFFERMINZSORBET* | *89* |
| *GEWÜRZTES SORBET* | *89* |
| *TOMATENSORBET* | *91* |
| *TEESORBET* | *92* |
| *MILCHSORBET* | *93* |
| *SCHNELLES SORBET* | *95* |
| *SCHNELLES OBSTSORBET* | *95* |
| *WEISSWEINSORBET* | *96* |
| *GEEISTES COCKTAIL-SORBET* | *97* |
| *PREISELBEER-JOGHURT-EIS* | *99* |
| *HONIG-ZITRONEN-JOGHURT-EIS* | *99* |

# ✧ *ZUCKERSIRUP* ✧

## ✧ *ZUTATEN* ✧

FÜR 8 PERSONEN

*575 ml Wasser*

*225 g Zucker*

*2 Zitronen*

## ✧ *ZUBEREITUNG* ✧

✧ Den Zucker im Wasser unter Rühren bei mittlerer Hitze auflösen. 5 Minuten aufkochen lassen. Den Zitronensaft und die fein geriebene Zitronenschale hineinrühren und den Sirup abkühlen lassen.

AROMA

*675 g frisches Obst oder 450 ml Obstsaft*

## ✧ *ZUBEREITUNG* ✧

✧ Verschiedene ansprechende Sorbetkombinationen sind rechts aufgelistet. Es gibt jedoch keine festen Regeln, was die Mischung betrifft, so daß für experimentierfreudige Köche viele Möglichkeiten bleiben.

✧ Weiches Obst, wie Melonen oder Beeren, werden püriert, durch ein Sieb gestrichen, um die Kerne zu entfernen, und dann in den Zuckersirup gerührt.

✧ Festere Früchte, wie Pfirsiche, Aprikosen, Pflaumen oder Kirschen, müssen vor dem Pürieren gekocht werden. Man gibt sie für 2 Minuten in kochendes Wasser, enthäutet und entsteint sie. Dann im Zuckersirup, in Weißwein oder Apfelsaft pochieren, abkühlen lassen und pürieren.

✧ Trockenobst vor dem Pürieren in Wasser, Sirup, Fruchtsaft oder Wein einweichen.

✧ Bei Zitrusfrüchten die Schale fein abreiben, den Saft auspressen und durchseihen und in den Sirup rühren.

✧ Mit Vanilleessenz, Mandelextrakt, Rosenwasser, Orangenblütenwasser, Wein, Likör, Alkohol, Zimtstangen, Vanilleschoten, gemahlenem Imgwer, Kaffee oder Pfefferminzblättern kann man die Geschmackspalette unendlich erweitern.

✧ Aus tropischen Früchten wie Mangos, Kiwis, Passionsfrüchten und Dattelpflaumen kann man ein exotisches Sorbet zaubern.

✧ Den Zitronensaft kann man beim Zuckersirup weglassen und statt dessen zu dem gewählten Fruchtpüree 1 bis 2 Löffel Zitronensaft geben, um den Geschmack zu intensivieren.

✧ Trockenobst oder kandierte Früchte in Würfel schneiden, mindestens eine Stunde einweichen und in das halb gefrorene Sorbet rühren.

✧ Sorbets sollten von glatter und nicht zu harter Beschaffenheit sein. Während des Gefrierens mehrere Male umrühren, daß die Eiskristalle von den Rändern zur Mitte gemischt werden. Wenn das Sorbet ganz fest ist, stellt man es 30 Minuten vor dem Servieren in den Kühlschrank.

SORBETIDEEN

Zum Sirup 300 ml starken schwarzen Kaffee geben
Orangen und frische Minze
Orangen und Erdbeeren
Himbeeren und rote Johannisbeeren
Pflaumen und Gin
Zitronen und Limonen
Zitronen und Orangenblütenwasser
Mango und Trauben
Mango und Limone
Kirschen und Mandelessenz
Aprikosen und Mandelessenz
Brombeere und Minze
Brombeere und Apfel
Brombeere und Rosenwasser
Melone und Champagner
Melone und Erdbeere
Pfirsich oder Nektarine und Zimt
Pfirsich oder Nektarine und rote Johannisbeeren
Grapefruit und Zitrone oder Limone
Dem Sirup während des Abkühlens Rosenblätter oder Minzeblätter beigeben oder mit einem Schuß Gin, Wodka oder Bourbon verfeinern.

# ✧ CIDRE-APFEL-SORBET ✧

## ✧ ZUTATEN ✧

| FÜR 4 PERSONEN |
| --- |
| *225 g Zucker* |
| *300 ml Wasser* |
| *450 g Kochäpfel* |
| *2 EL Wasser oder Apfelsaft* |
| *300 ml trockener Cidre* |
| *2 EL Zitronen- oder Limonensaft* |

## ✧ ZUBEREITUNG ✧

✧ Den Zucker in Wasser bei mittlerer Hitze unter Rühren auflösen. 5 Minuten aufkochen, dann abkühlen lassen.

✧ Die Äpfel schälen, entkernen und in Scheiben schneiden. Mit Wasser oder Apfelsaft bei milder Hitze weichkochen. Abkühlen lassen und pürieren.

✧ Das kalte Apfelpüree in den Sirup einrühren. Cidre, Zitronen- oder Limonensaft dazugeben und alles gut verrühren.

✧ In einen Gefrierbehälter füllen und ins Tiefkühlfach stellen. Gelegentlich umrühren.

VARIATION Für ein reines Cidresorbet läßt man die Äpfel weg. 575 ml Cidre mit 125 g Zucker 5 Minuten kochen. 2 EL Orangen- oder Zitronensaft dazugeben und gefrieren lassen (siehe oben).

Den Cidre kann man mit einer Prise Zimt, Muskat und gemahlenen Nelken würzen.

Beim Apfelsorbet – mit oder ohne Gewürze – ersetzt man den Cidre durch Apfelsaft oder süßen Weißwein.

# ✧ BIRNEN-INGWER-SORBET ✧

## ✧ ZUTATEN ✧

FÜR 4 PERSONEN

*175 g Zucker*

*575 ml Wasser*

*1 Zitrone*

*3 mittelgroße Birnen*

*4 Stücke Ingwerstangen*

## ✧ ZUBEREITUNG ✧

✧ Den Zucker in Wasser bei mittlerer Hitze auflösen. 5 Minuten aufkochen lassen.

✧ Die Zitronenschale abreiben und mit dem Zitronensaft in den Sirup rühren.

✧ Die Birnen schälen, entkernen und pürieren.

✧ Die gewürfelten Ingwerstangen und den kalten Sirup zu den Birnen geben und gut verrühren.

✧ In einen Gefrierbehälter füllen, zudecken und ins Tiefkühlfach stellen. Mehrmals gut umrühren.

# ✧ MELONENSORBET ✧

| ✧ *ZUTATEN* ✧ |
|---|
| FÜR 4 PERSONEN |
| *50 g Zucker* |
| *300 ml Wasser* |
| *450 g Melone, püriert* |
| *2 EL Zitronen- oder Limonensaft* |

## ✧ *ZUBEREITUNG* ✧

✧ Das Melonensorbet nach den Anweisungen für das Birnen-Ingwer-Sorbet zubereiten (siehe Seite 87). Das Sorbet in der Melonenschale servieren. Eine Sauce aus pürierten Mangos, Himbeeren oder Pfirsichen darübergeben.

✧ Oder gewürfelte Ingwerstangen oder eine Prise gemahlenen Ingwer dazugeben.

# ✧ Pfefferminzsorbet ✧ Gewürztes Sorbet ✧

## ✧ Pfefferminzsorbet

### ✧ ZUTATEN ✧

FÜR 4 PERSONEN

*50 g Zucker*

*300 ml Wasser*

*6 große, frische Pfefferminzzweige*

*1 Zitrone*

*1 Eiweiß*

### ✧ ZUBEREITUNG ✧

✧ Den Zucker in Wasser bei mittlerer Hitze unter Rühren auflösen. Über die Pfefferminzzweige gießen und wie für einen Tee 20 Minuten ziehen lassen. Abgießen und mit dem Zitronensaft mischen.

✧ Den Sirup in einen Gefrierbehälter gießen, zudecken und zwei Stunden ins Tiefkühlfach stellen. Gut verrühren.

✧ Das Eiweiß steifschlagen und löffelweise in den halb gefrorenen Sirup mischen. Wieder ins Kühlfach stellen und fest, aber nicht hart werden lassen.

## ✧ Gewürztes Sorbet

### ✧ ZUTATEN ✧

FÜR 4 PERSONEN

*50 g Zucker*

*575 ml Wasser*

*2 EL Basilikum- oder Majoranblätter*

*1 Zitrone oder Limone*

*1 Eiweiß*

### ✧ ZUBEREITUNG ✧

✧ Zubereitung wie für Pfefferminzsorbet.

VARIATION Die frischen Kräuter entweder durch eine Zimtstange, gespaltete Vanilleschoten oder durch ein paar Safranfäden ersetzen.

# ✧ *TOMATENSORBET* ✧

## ✧ *ZUTATEN* ✧

FÜR 4 PERSONEN

*8 Tomaten*

*1 TL Zucker*

*1 Zitrone*

*1 EL frische Petersilie, Basilikum oder Majoran*

## ✧ *ZUBEREITUNG* ✧

✧ Die Tomaten enthäuten und pürieren. Zucker, Zitronensaft und fein gehackte Kräuter vermengen und mit dem Tomatenpüree verrühren.

✧ In einen Gefrierbehälter füllen und im Tiefkühlfach fest werden lassen. Gelegentlich umrühren. Sorbetringel mit einem Löffel abkratzen und in hohe Gläser füllen oder das Sorbet 45 Minuten in den Kühlschrank stellen, bis es etwas breiig ist. Dann mit einem Zweig Petersilie, Majoran oder Basilikum garnieren und servieren.

VARIATION Man kann dem Sorbet auch einen Schuß Worcestersauce oder Tabasco beimischen, dann wird es pikanter.

# ✧ TEESORBET ✧

## ✧ ZUTATEN ✧

FÜR 4 PERSONEN

*175 g Zucker*

*450 ml Wasser*

*2 EL schwarzer Tee*

*2 Limonen*

## ✧ ZUBEREITUNG ✧

✧ Den Zucker in Wasser bei mittlerer Hitze unter Rühren auflösen. 5 Minuten aufkochen lassen. Über die Teeblätter gießen und 5 Minuten ziehen lassen, dann abgießen.

✧ Die Schale der Limonen abreiben und mit dem Saft in den heißen Tee rühren. Kalt werden lassen.

✧ In einen Gefrierbehälter füllen, zudecken und gefrieren. Immer wieder umrühren, damit sich die Eiskristalle nicht am Rand absetzen.

VARIATION Das Verhältnis von Tee und Limonensaft kann man nach Geschmack verändern.

Unterschiedliche Teesorten verwenden: z.B. Earl Grey, Darjeeling, Ceylon, Kräutertee oder Blütentee.

Statt des Limonensaftes kann man auch Orangen- oder Zitronensaft nehmen.

Dem Sirup einen Schuß Alkohol beigeben oder über das gefrorene Sorbet gießen. Rum, Brandy oder Curaçao sind geeignet.

Ein Eiweiß in das halbgefrorene Sorbet rühren.

# ✧ *MILCHSORBET* ✧

## ✧ *ZUTATEN* ✧

| FÜR 4 PERSONEN |
| --- |
| *900 ml Milch* |
| *175 g Zucker* |
| *1 Orange* |
| *1 Zitrone* |

## ✧ *ZUBEREITUNG* ✧

✧ Den Zucker in Milch auflösen, den Saft und die fein geriebene Schale der Orange oder Zitrone dazugeben und gut verrühren.

✧ In einen Gefrierbehälter gießen und gefrieren. Mehrmals umrühren, bis das Sorbet ganz fest ist.

VARIATIONEN Statt des frischen Saftes gefrorenen, konzentrierten Orangen-, Zitronen- oder gemischten Tropenfrüchtesaft verwenden.

Den Orangensaft durch Ananassaft ersetzen.

Das Verhältnis von Milch und Fruchtsaft nach Geschmack verändern.

Die Milch um 225 ml reduzieren und durch Sahne ersetzen.

Dem Sorbet ein paar Tropfen Orangenblütenwasser beifügen.

Unter das Sorbet vor dem Gefrieren ein Püree aus weichen Früchten wie z.B. Heidelbeeren, schwarze Johannisbeeren und Himbeeren ziehen.

Den Saft weglassen und statt dessen Instantkaffee oder ungesüßten Kakao verwenden.

## ✧ SCHNELLES SORBET ✧

| ✧ *ZUTATEN* ✧ |
|---|
| FÜR 4 PERSONEN |
| *350 ml Obstpüree* |
| *1 TL Zitronensaft* |
| *2 TL Mandelessenz oder*<br>*2 EL Kirsch- oder Aprikosenbrandy oder Kirschlikör* |

### ✧ *ZUBEREITUNG* ✧

✧ Entweder frisches, pochiertes Obst oder Dosenfrüchte verwenden. Mit Zitronensaft, Mandelessenz oder Alkohol mischen. In einen Gefrierbehälter füllen und fast ganz fest werden lassen. Gelegentlich umrühren.

VARIATION 2 steif geschlagene Eiweiß vor dem Gefrieren unter das Püree ziehen.

## ✧ SCHNELLES OBSTSORBET ✧

| ✧ *ZUTATEN* ✧ |
|---|
| FÜR 4 PERSONEN |
| *125 g Zucker* |
| *300 ml Wasser* |
| *175 ml gefrorener, konzentrierter Obstsaft* |
| *1 Eiweiß* |

### ✧ *ZUBEREITUNG* ✧

✧ Den Zucker in Wasser bei mittlerer Hitze unter Rühren auflösen. 5 Minuten aufkochen, dann abkühlen lassen.
✧ Den Obstsaft auftauen lassen, bis er breiig ist. In den Zuckersirup einrühren.
✧ Das Eiweiß steifschlagen, aber nicht trocken werden lassen. Löffelweise unter den Sirup ziehen.
✧ In einen Gefrierbehälter füllen und fast ganz fest gefrieren lassen. Gelegentlich umrühren.

VARIATION Dem Sorbet 1 EL Orangenblütenwasser beigeben.

Die Samen aus zwei Kardamomschoten entfernen, etwas zerstoßen und in den Sirup rühren.

GEGENÜBER:
Schnelles Sorbet (links und Schnelles Obstsorbet (rechts)

# ✧ WEISSWEINSORBET ✧

## ✧ ZUTATEN ✧

FÜR 4 PERSONEN

*175 g Zucker*
*150 ml Wasser*
*2 Orangen*
*2 Zitronen*
*575 ml Weißwein*
*2 EL Brandy*
*575 ml Sahne*

## ✧ ZUBEREITUNG ✧

✧ Den Zucker in Wasser bei mittlerer Hitze auflösen. 5 Minuten aufkochen, den Saft der Orangen und der Zitronen einrühren und abkühlen lassen.
✧ Wein und Brandy in den abgekühlten Sirup rühren.
✧ Die Sahne schlagen, bis sie beginnt steif zu werden. Vorsichtig unter den Sirup ziehen.
✧ In einen Gefrierbehälter füllen und fast fest werden lassen. Häufig umrühren.
✧ Mit einem Löffel oder einem Spritzbeutel in ein Weinglas füllen und einen Schuß Wein oder Likör darübergeben.

VARIATIONEN Den Weißwein durch Rotwein, Cidre, Champagner oder Guinness ersetzen. Für ein alkoholfreies Sorbet kann man Traubensaft, Apfelsaft oder Limonade verwenden.

Das Verhältnis von Orangen- und Zitronensaft je nach Geschmack ändern, oder die Säfte teilweise oder ganz durch Grapefruitsaft ersetzen.

Statt des Brandys einen Likör nach Wahl verwenden.

Die Weinmischung mit einem Obstpüree verrühren. Rote Johannisbeeren, Pfirsiche, Aprikosen, Ananas oder Mangos eignen sich gut.

Dem Sorbet, wenn es halb gefroren ist, ein oder zwei steifgeschlagene Eiweiß beimischen.

# ✧ GEEISTES COCKTAIL-SORBET ✧

## ✧ ZUTATEN ✧

FÜR 4 PERSONEN

*1 Zitrone*

*2 TL Zucker*

*1 Schuß Angostura Bitter*

*125 ml Whisky*

*300 ml Sahne*

*3 Eiweiß*

## ✧ ZUBEREITUNG ✧

✧ Zitronensaft, Zucker, Bitter und Whisky verrühren.

✧ Die Sahne schlagen, bis sie gerade steif wird, und unter die Whiskymischung ziehen.

✧ Die Eiweiß steifschlagen und löffelweise in den Cocktail rühren.

✧ In einen Gefrierbehälter füllen und in das Tiefkühlfach stellen, bis das Sorbet teilweise gefroren ist. Mit einem Löffel in Cocktailgläser verteilen.

VARIATION Jeder Cocktail kann auf diese Weise zubereitet werden. Den Cocktail wie gewohnt mixen und Sahne und Eiweiß dazugeben.

Die Sahne weglassen. Zitronen-, Limonen-, Orangen- oder Ananassaft mit einer Kombination aus Likör und einem anderen Alkohol verrühren. Teilweise gefrieren lassen, das steife Eiweiß unterziehen und im Tiefkühlfach fast fest werden lassen. In Cocktailgläser oder den Fruchtschalen servieren und mit Obststückchen garnieren.

## ✧ Preiselbeer-Joghurt-Eis ✧

### ✧ ZUTATEN ✧

FÜR 4 PERSONEN

*350 ml Preiselbeersauce*

*1 Orange oder Zitrone*

*450 ml Naturjoghurt*

### ✧ ZUBEREITUNG ✧

✧ Die Preiselbeersauce mit dem Saft und der fein geriebenen Schale der Orange oder Zitrone vermischen. Gut verrühren.

✧ Den Joghurt leicht schlagen und mit der Sauce mischen.

✧ In eine Gefrierform füllen und ins Tiefkühlfach stellen. Gelegentlich umrühren.

VARIATIONEN Die Preiselbeersauce durch ein gesüßtes Püree aus schwarzen Johannisbeeren oder Brombeeren ersetzen. Statt des Orangensafts 1 EL Zitronensaft nehmen. Eventuell etwas Cassis dazugeben.

Jede andere Obstsorte kann man pürieren, nach Geschmack süßen, mit Joghurt mischen und gefrieren. Das Obst kann mit Wein oder Likör verfeinert werden, es kann frisch sein oder aus der Dose stammen. Auch getrocknete Früchte sind geeignet. Man pochiert sie in Apfelsaft, Wasser oder Wein.

Den Joghurt durch Sahne ersetzen, die geschlagen wird, bis sie steif zu werden beginnt.

Ein bis zwei steif geschlagene Eiweiß unter die Sahne oder den Joghurt ziehen oder statt der beiden verwenden.

## ✧ Honig-Zitronen-Joghurt-Eis ✧

### ✧ ZUTATEN ✧

FÜR 4 PERSONEN

*125 ml Honig*

*150 ml Zitronensaft*

*450 ml Naturjoghurt*

### ✧ ZUBEREITUNG ✧

✧ Den Honig im Zitronensaft auflösen. Nach der Anweisung für Preiselbeer-Joghurt-Eis weiter verfahren.

GEGENÜBER: Preiselbeer-Joghurt-Eis (links) und Honig-Zitronen-Joghurt-Eis (rechts)

# GRANITÉS


| | |
|---|---|
| CHAMPAGNER-GRANITÉ | 102 |
| ROTWEIN-GRANITÉ | 103 |
| KAFFEE-GRANITÉ | 104 |
| ERDBEER-GRANITÉ | 105 |
| ORANGEN-GRANITÉ | 107 |
| TEE-GRANITÉ | 107 |
| SCHOKOLADEN-GRANITÉ | 107 |
| ZITRONEN-GRANITÉ | 108 |
| HONIG-ZITRONEN-GRANITÉ | 108 |
| WEITERE FRUCHT-GRANITÉS | 109 |

WENN EIS nur im Winter verfügbar war, sich aber naturgemäß im Sommer großer Popularität erfreute, wie wurde es dann vor dem Schmelzen bewahrt? Die frühen Kühlschränke waren mit Zink ausgekleidet. Für den Nachschub an Eis sorgten Pferdewagen, die große Eisbrocken auslieferten, welche in Kästen gelagert wurden. Mit Eispickeln schlug man nach Bedarf kleinere Stücke ab. Sie wurden dann mit Aromastoffen zu Sorbets oder Granités verarbeitet oder mit Salz vermischt zum Kühlen von Sahne hergenommen.

Früher noch wurden tiefe Brunnen gegraben oder Keller mit Stroh isoliert, um das Eis so lange wie möglich zu erhalten. Es wurde im Winter gewonnen und in die Häuser gebracht. Oft setzte man Felder unter Wasser und wartete, bis es gefroren war. Dieses Eis, und auch das von Seen und Flüssen, wurde in Blöcke gehackt und abtransportiert. Viele der Blöcke waren so hart gefroren, daß man sie in wärmere Länder exportieren konnte, die keine strengen Winter kannten.

Dank der modernen Kühlmethoden können wir heute Eis länger lagern. Die Eisfans von früher waren dagegen durch die Umstände gezwungen, das Eis sofort zu verzehren. Dadurch kamen sie natürlich in den Genuß des ursprünglichen Aromas, denn die längere Lagerung hat bei allen Lebensmitteln einen Aromaverlust zur Folge – das gilt auch für Eis. Deshalb sollte man eingefrorene Sorbets und Granités bald verzehren.

Speiseeis wurde früher aus Fruchtsaft, Honig oder Sirup hergestellt, die man über Eis oder Schnee goß. Es wurde kein Zucker zugegeben, eine Zutat, die wir heute zwar schätzen, aber nicht in den Mengen benötigen, in denen er konsumiert wird. Der Zuckeranteil von Sorbets oder Granités ist andererseits wichtig. Er bestimmt die Konsistenz; bei zu viel Zuckerbeimischung kann es passieren, daß die Mischung nicht gefriert.

# ✧ CHAMPAGNER-GRANITÉ ✧

## ✧ ZUTATEN ✧

FÜR 8 PERSONEN

*65 g Zucker*

*2 Flaschen Champagner oder Sekt*

*1 EL Zitronen- oder Limonensaft*

*4 Nektarinen oder Pfirsiche*

*8 Zweige Minze*

## ✧ ZUBEREITUNG ✧

✧ Eine flache, kälteresistente Schüssel eine Stunde kühlen.

✧ Mit Zucker bestreuen.

✧ Zitronensaft und eine Flasche Champagner mischen.

✧ In die Schüssel gießen. Gefrieren, bis alles fast fest ist. Ein- oder zweimal vorsichtig umrühren.

✧ Jeweils eine Nektarine oder einen Pfirsich in ein Weinglas geben. Das Granité aus der Schüssel schaben und auf die Früchte häufen. Die Gläser mit Champagner füllen und mit einem Minzezweig garnieren.

VARIATIONEN Dem Champagner vor dem Gefrieren einen Löffel feingehackte Minze beimischen. Etwas Crème de Menthe in jedes Glas gießen, bevor man das Granité und den Champagner hineingibt.

Den Champagner durch süßen Weißwein ersetzen.

Erdbeeren und Orangen passen sehr gut zu Champagner.

In jedes Glas 1 EL Likör gießen, bevor man das Granité und den Champagner hineinfüllt. Die Likörsorte der verwendeten Obstsorte anpassen.

Wenn man Granités mit Likör oder anderem Obst serviert, die Gläser nicht mit dem restlichen Champagner aufgießen.

Jedes Granité aus frischen Früchten wird wie beschrieben zubereitet. Für alkoholfreie Granités verwendet man Orangensaft, Limonade oder Mineralwsser.

# ✧ ROTWEIN-GRANITÉ ✧

## ✧ ZUTATEN ✧

FÜR 4 PERSONEN

*175 g Zucker*
*175 ml Wasser*
*1 Orange*
*1 Zitrone oder Limone*
*1 Flasche Rotwein*

## ✧ ZUBEREITUNG ✧

✧ Den Zucker in Wasser bei mittlerer Hitze unter Rühren auflösen. Dann 1 Minute aufkochen lassen.

✧ Den Zitronen- oder Limonensaft und den Orangensaft dazugeben und alles abkühlen lassen. Den Wein einrühren.

✧ Die Masse in eine flache Form füllen und gefrieren, bis das Granité fast hart ist. Die Eiskristalle mehrmals von außen nach innen rühren, aber nicht zerbrechen. Das Granité soll recht grob sein.

✧ Das Granité in Gläser füllen und mit frischem Obst garnieren, z.B. mit einer Scheibe Zitrone, ein paar Brombeeren oder einem Minzezweig.

VARIATION Statt des Rotweins Cidre verwenden.

Den Wein durch Apfel-, Trauben- oder Ananassaft ersetzen.

Wie Champagner-Granité servieren. Die Gläser mit Wein, Mineralwasser oder Orangensaft auffüllen.

# ✧ Kaffee-Granité ✧

## ✧ ZUTATEN ✧

FÜR 4 PERSONEN

*125 g Zucker*

*175 ml Wasser*

*450 ml starker schwarzer Kaffee oder Espresso*

## ✧ ZUBEREITUNG ✧

✧ Den Zucker in Wasser bei mittlerer Hitze unter Rühren auflösen. 5 Minuten aufkochen und abkühlen lassen.
✧ Den Sirup in den kalten Kaffee oder Espresso einrühren.
✧ Die Mischung in eine flache Gefrierform gießen und im Tiefkühlfach ziemlich fest werden lassen. Die Eiskristalle mehrmals von außen nach innen rühren, aber nicht zerkleinern, da das Granité grobkörnig werden soll.
✧ Die Granitékristallbröckchen aus der Form schaben und in Gläser füllen. Schlagsahne darübergeben und mit geriebener Schokolade bestreuen.

VARIATION Dem Sirup während des Abkühlens eine Zimtstange, einen Streifen Orangenschale oder ein paar Nelken beigeben. Vor dem Gebrauch abseihen.

Dem Sirup mit dem Kaffee auch ein Gläschen Kaffeelikör, Brandy oder Schokoladenlikör zugeben.

50 g geschmolzene, ungesüßte Schokolade in den Kaffee rühren.

Den Zuckersirup weglassen. Fein gemahlenen Kaffee mit Zucker je nach Geschmack vermengen und 30 Minuten in kochendem Wasser ziehen lassen. Abgießen, abkühlen lassen und wie oben beschrieben gefrieren.

## ✧ ERDBEER-GRANITÉ ✧

### ✧ ZUTATEN ✧

FÜR 4 PERSONEN

*125 g Zucker*

*175 ml Wasser*

*450 g frische Erdbeeren*

*1 EL Zitronensaft*

### ✧ ZUBEREITUNG ✧

✧ Den Zucker in Wasser bei mittlerer Hitze unter Rühren auflösen. 5 Minuten aufkochen, dann abkühlen lassen.

✧ Die Erdbeeren pürieren und durch ein Sieb streichen. Mit dem Zitronensaft verrühren.

✧ Den Sirup unter das Erdbeerpüree mischen.

✧ Die Masse in eine sehr flache Gefrierform gießen und ziemlich fest gefrieren lassen. Die Eiskristalle mehrmals vom Rand der Form nach innen rühren, aber nicht zerkleinern. Das Granité soll grobkörnig sein.

VARIATIONEN Das Granité mit Grand Marnier, Orangenblütenwasser oder dem Saft einer Orange verfeinern.

Den Zuckersirup weglassen. Die Erdbeeren pürieren und durch ein Sieb streichen. Mit Puderzucker süßen, Orangen- oder Zitronensaft dazugeben und gefrieren.

Halb gefrorenes Granité mit aufgetautem konzentriertem Orangensaft mischen.

Zur Hälfte Erdbeeren und Himbeeren verwenden.

Statt der frischen Früchte kann man auch Tiefkühlbeeren verwenden. Dann aber nur die halbe Menge Zucker verwenden.

## ✧ Orangen-Granité ✧

### ✧ ZUTATEN ✧

FÜR 4 PERSONEN

*175 g Zucker*

*450 ml Wasser*

*1 Zitrone*

*2 bis 3 Orangen*

*1 EL Orangenblütenwasser (nach Geschmack)*

### ✧ ZUBEREITUNG ✧

✧ Den Zucker in Wasser bei mittlerer Hitze unter Rühren auflösen. 5 Minuten aufkochen lassen.
✧ Die fein geriebene Schale der Zitrone und der Orangen in den Sirup geben. Ganz abkühlen lassen.
✧ Den Orangen- und den Zitronensaft in den Sirup rühren. Falls verwendet, das Orangenblütenwasser dazugeben.
✧ Die Mischung in eine flache Gefrierform gießen und fast fest gefrieren. Die Eiskristalle mehrmals vom Rand der Form nach innen rühren, aber nicht zerkleinern. Das Granité soll grobkörnig sein.

VARIATIONEN Statt der Orangen Mandarinen verwenden.
Die Orangenschale nicht verwenden. Den Saft auspressen und das gefrorene Granité zum Servieren in die leeren Schalen füllen.

GEGENÜBER: Orangen-Granité
(siehe oben)

## ✧ Tee-Granité ✧

### ✧ ZUTATEN ✧

FÜR 4 PERSONEN

*2 EL Teeblätter (Orange Pekoe, Darjeeling, Ceylon, Hagebutten oder eine andere Sorte*

*3 EL Zucker*

*2 EL Zitronen- oder Limonensaft*

*575 ml kochendes Wasser*

### ✧ ZUBEREITUNG ✧

✧ Teeblätter, Zucker und Saft mischen. Das kochende Wasser darübergießen, umrühren und kalt werden lassen. Durch ein Sieb gießen und wie Kaffee-Granité gefrieren (siehe Seite 104).

VARIATION Dem Tee während des Abkühlens Minzeblätter beigeben. Vor dem Gefrieren abgießen. Vor dem Servieren etwas Crème de Menthe über das Granité geben.

## ✧ Schokoladen-Granité ✧

### ✧ ZUTATEN ✧

FÜR 4 PERSONEN

*75 g ungesüßtes Kakaopulver*

*3 EL Zucker*

*575 ml kochendes Wasser*

### ✧ ZUBEREITUNG ✧

✧ Kakao und Zucker mischen. Das kochende Wasser darübergießen und kalt werden lassen. Wie Kaffee-Granité gefrieren (siehe Seite 104).

## ◇ ZITRONEN-GRANITÉ ◇ HONIG-ZITRONEN-GRANITÉ ◇

### ◇ ZUTATEN ◇

FÜR 4 PERSONEN

*175 g Zucker*

*450 ml Wasser*

*175 ml Zitronensaft*

*1 EL Orangenblütenwasser (nach Geschmack)*

### ◇ ZUBEREITUNG ◇

◇ Wie Orangen-Granité (siehe Seite 107).

VARIATION Statt des Zitronensafts Limonensaft verwenden.

### ◇ ZUTATEN ◇

FÜR 4 PERSONEN

*2 Zitronen*

*575 ml kochendes Wasser*

*50 ml Honig*

### ◇ ZUBEREITUNG ◇

◇ Die Zitronenschalen 10 Minuten in kochendem Wasser ziehen lassen. Den Honig dazugeben und verrühren. Den Zitronensaft hineingießen, umrühren und ganz kalt werden lassen.

◇ Die Mischung durch ein Sieb gießen und in eine flache Gefrierform füllen. Wie Orangen-Granité gefrieren (siehe Seite 107).

VARIATIONEN Vor dem Servieren etwas Whisky oder Rum über das Granité gießen.

Mit Brombeeren, Melonenkugeln oder Mangoscheiben mischen und in einer Schüssel oder Melonenschale servieren.

## ✧ WEITERE FRUCHT-GRANITÉS ✧

✧ Himbeeren oder Brombeeren pürieren und durch ein Sieb streichen. Wie Erdbeer-Granité zubereiten (siehe Seite 105).

✧ Melone oder Ananas pürieren. Wie Erdbeer-Granité zubereiten.

✧ Trauben, Pflaumen, Kirschen, Birnen, Pfirsiche, Aprikosen oder Nektarinen in Zuckersirup weichkochen. Entsteinen und zu einem feinen Püree verarbeiten. Wie Erdbeer-Granité zubereiten.

✧ Eine Zimtstange, Vanilleschote, zerstoßene Minzeblätter oder Orangen-, Zitronen- oder Limonenschale in den Zuckersirup geben, während er abkühlt.

✧ Das Fruchtpüree jeweils mit einem dazu passenden Likör verfeinern.

✧ Jedes Frucht-Granité kann man wie Champagner-Granité servieren (siehe Seite 102).

KAPITEL SIEBEN

# BISKUITS, SAUCEN UND GARNIERUNGEN

UND NUN zum krönenden Abschluß – alle jene Zutaten, die den Genuß steigern, die garnieren und dekorieren, harmonisieren oder kontrastieren und die Eiscreme zu einem Meisterwerk machen können. Gibt es etwas, das nicht zu Eis paßt? Gibt es eine Tages- oder Nachtzeit, zu der es nicht serviert werden kann? Gibt es einen Anlaß, der nicht besser mit Eis als ohne Eis gefeiert werden kann?

Bis zu dieser Stelle enthielten die Rezepte oft Vorschläge und Empfehlungen für Varianten und Beilagen. Die Rezepte auf den folgenden Seiten geben hierzu genauere Anleitungen. Fast jedes Kochbuch enthält ein abschließendes Kapitel mit Desserts, das verschiedene Kuchen, Kekse, Biskuits oder andere Naschereien vorstellt, die zu Eis serviert werden können. Dieser Regel wird auch in diesem Buch entsprochen.

Es ist Ziel dieses Buches, Vergnügen zu bereiten. Die vielen Rezepte sind hierzu ein guter Grundstock. Sie können sich von der ersten bis zur letzten Seite durch die Rezepte „durcharbeiten“. Sie können aber auch Ihre Phantasie spielen lassen. Hauptsache, Sie genießen die fertige Kreation in vollen Zügen!


| | |
|---|---|
| *KATZENZUNGEN* | *112* |
| *TRÜFFELN* | *113* |
| *SCHWEIZER MERINGEN* | *115* |
| *CHANTILLY-SAHNE* | *115* |
| *ITALIENISCHE MERINGEN* | *116* |
| *KROKANT* | *117* |
| *GLASIERTE FRÜCHTE* | *118* |
| *BRANDYFRÜCHTE* | *119* |
| *SCHOKOLADEN-DEKORATIONEN* | *120* |
| *SCHNELLES GELEE* | *121* |
| *FRUCHTSAUCEN* | *122* |
| *ZITRUSSAUCE* | *123* |
| *PREISELBEERSAUCE* | *123* |
| *SCHOKOLADENSAUCE* | *125* |
| *KAFFEESAUCE* | *125* |
| *AHORNSAUCE* | *125* |
| *KARAMELSAUCE* | *126* |
| *MARSHMALLOWSAUCE* | *126* |
| *RUMSAUCE* | *126* |

## ✧ KATZENZUNGEN ✧

| ✧ ZUTATEN ✧ |
|---|
| *90 g Butter* |
| *125 g Zucker* |
| *3 Eiweiß* |
| *1 TL Vanilleessenz* |
| *2 EL Milch oder Sahne* |
| *125 g Mehl* |
| Elektroherd: 200° C; Gas: Stufe 7 |

### ✧ ZUBEREITUNG ✧

✧ Butter und Zucker schaumig rühren.
✧ Die Eiweiß leicht schlagen. Mit der Vanille und der Sahne in die Buttermischung einrühren.
✧ Langsam das gesiebte Mehl einrühren.
✧ Den Teig portionsweise auf ein gut gefettetes Backblech streichen. Zwischen den einzelnen Biskuits genug Platz lassen, daß sie sich während des Backens ausdehnen können. Katzenzungen sind meist fingerförmig. Sollen sie zu einem Körbchen verarbeitet werden, formt man sie zu 10 cm großen Scheiben.
✧ Im vorgeheizten Rohr 5 Minuten backen.
✧ Auf dem Blech abkühlen lassen und dann auf ein Gitter legen.

VARIATION Wenn die Katzenzungen abgekühlt sind, kann man ihre Enden in flüssige Schokolade tauchen. Die Kekse auf Pergamentpapier legen, bis die Schokolade fest ist.

Will man Körbchen formen, die mit Sorbet- oder Eiskugeln gefüllt werden, hebt man die heißen, weichen Kekse vom Blech ab und drückt sie auf leicht eingefettete Orangen oder runde Backförmchen. Abkühlen lassen.
✧ Körbchen kann man auch aus Eierteig herstellen, dem man Mandelpaste oder Orangen- bzw. Zitronenschale beimengt. Man muß die frischen Kekse rasch verarbeiten, bevor sie erkalten können und fest werden.

# ✧ TRÜFFELN ✧

## ✧ ZUTATEN ✧

ERGIBT 12 STÜCK

*50 g Puderzucker*
*50 g Butter*
*75 g gemahlene Mandeln*
*1/2 TL Mandelessenz oder 1 TL Rum*
*3 TL ungesüßtes Kakaopulver*
*75 g Kuchenkrümel*
*3 EL Schokoladenstreusel*

## ✧ ZUBEREITUNG ✧

✧ Zucker und Butter schaumig schlagen. Die restlichen Zutaten bis auf die Schokoladenstreusel dazugeben und gut verrühren. Aus der Masse 12 Kugeln formen und jede in Schokoladenstreuseln wälzen.

✧ Man kann die Trüffeln auch in fein gehackten Mandeln oder kandierten Kirschen wälzen.

VARIATION

*75 g dunkle Schokolade (in Stückchen)*
*1 EL Butter*
*1 Eidotter*
*1 TL Rum*
*1 TL Milch oder Sahne*
*25 g Kakaopulver*
*75 g Kuchenkrümel*
*75 g gemahlene Mandeln*
*3 EL Schokoladenstreusel*

✧ Die Schokolade zerbröckeln und im heißen Wasserbad schmelzen. Die restlichen Zutaten bis auf die Schokoladenstreusel in den Topf geben und wie beschrieben weiter verfahren.

## ✧ Schweizer Meringen ✧

| ✧ *ZUTATEN* ✧ |
|---|
| *2 Eiweiß* |
| *125 g feiner Zucker* |
| Elektroherd: 120° C; Gas: Stufe 1/2 |

### ✧ *ZUBEREITUNG* ✧

✧ Die Eiweiß sehr steif schlagen. Den Zucker langsam, Löffel für Löffel, darunterheben. Schlagen, bis die Masse glänzend und so fest ist, daß sie die Form hält.

✧ Die Meringen mit einem Löffel oder Spritzbeutel auf ein eingefettetes Blech verteilen, das mit Pergamentpapier ausgelegt wurde. Kleinere Meringen kann man mit Eis bestreichen und übereinanderlegen. Aus größeren Meringen kann man Kuchen herstellen. Man füllt sie mit Früchten und Eis und gibt etwas Chantilly-Sahne darüber (siehe rechts).

✧ Mit kleinen Meringen kann man Eisbecher garnieren. Aus der Meringenmasse kann man vor dem Backen unterschiedliche Formen herstellen, z.B. Rosetten oder Ringe. Man füllt sie mit Eis oder verwendet sie zum Garnieren. Eine andere Möglichkeit ist, die Masse in einzelne kleine Kuchenformen zu füllen und die Mitte hohl zu lassen. Später mit Eis oder Sorbet füllen.

✧ Im vorgeheizten Rohr 1 Stunde backen. Falls die Meringen nicht ganz trocken sind, 30 Minuten weiterbacken.

VARIATION Vor dem Backen etwas Kakaopulver, Pulverkaffee oder gemahlene Nüsse in die Masse rühren.

## ✧ Chantilly-Sahne ✧

| ✧ *ZUTATEN* ✧ |
|---|
| *300 ml Sahne* |
| *1 EL feiner Zucker* |
| *1 TL Vanilleessenz* |

### ✧ *ZUBEREITUNG* ✧

✧ Die Sahne schlagen, bis sie beginnt steif zu werden. Zucker und Vanilleessenz dazugeben und schlagen, bis die Sahne so steif ist, daß sie die Form behält.

GEGENÜBER: Schweizer Meringen (siehe oben)

## ✧ *Italienische Meringen* ✧

### ✧ *ZUTATEN* ✧

| |
|---|
| *125 g feiner Zucker* |
| *65 ml Wasser* |
| *2 Eiweiß* |
| Elektroherd: 120° C; Gas: Stufe 1/2 |

### ✧ *ZUBEREITUNG* ✧

✧ Den Zucker in Wasser bei mittlerer Hitze unter Rühren auflösen. 5 Minuten kochen lassen.

✧ Die Eiweiß sehr steif schlagen, aber nicht zu trocken werden lassen.

✧ Den heißen Sirup unter Rühren langsam über die Eiweiß gießen. Rühren, bis die Masse dickflüssig und ganz abgekühlt ist.

✧ Die Meringenmasse mit einem Löffel oder Spritzbeutel auf ein eingefettetes Backblech, das mit Pergamentpapier belegt ist, verteilen.

✧ Man kann die Italienischen Meringen in der gleichen Weise wie die Schweizer Meringen verwenden. Sie sind wegen des Sirups etwas ergiebiger und weicher und sind leichter herzustellen.

✧ Im vorgeheizten Rohr 1 Stunde backen. Wenn die Meringen nicht ganz trocken sind, etwa 30 Minuten weiter backen.

VARIATION Vor dem Backen ungesüßtes Kakaopulver, Pulverkaffee oder gemahlene Nüsse in die Masse rühren.

Italienische Meringen können mit Sahne gemischt und als Füllung oder Garnierung für gebackene Meringen oder Windbeutel verwendet werden.

# ✧ KROKANT ✧

## ✧ ZUTATEN ✧

ERGIBT 125 G

*125 g Zucker*

*125 g blanchierte Mandeln*

*etwas Öl*

## ✧ ZUBEREITUNG ✧

✧ Den Zucker und die Mandeln in einen schweren Topf geben. Bei niedriger Hitze rühren, bis der Zucker aufgelöst ist und eine goldbraune Farbe hat. Alle Mandeln sollen davon umhüllt sein.

✧ Ein Backblech mit Öl bestreichen. Die Mandeln und den Sirup auf dem Blech ausstreichen und fest werden lassen.

✧ Die Masse mit einem Nudelholz oder einer Küchenmaschine zerkleinern oder einfach grob zerbrechen. Den Krokant zur Garnierung oder zum Verfeinern von Eiscreme verwenden. Man kann die Stückchen in weiches Eis einrühren und als Bestandteil einer Eisbombe nehmen.

VARIATION Statt der Mandeln Erdnüsse, Haselnüsse, Walnüsse oder Pekannüsse verwenden.

KANDIERTE NÜSSE: Den Zucker wie beschrieben schmelzen und die Nüsse nacheinander hineintauchen. Auf einem Stück Pergamentpapier abkühlen lassen.

## ✧ GLASIERTE FRÜCHTE ✧

| ✧ ZUTATEN ✧ |
|---|
| *225 g Zucker* |
| *2 EL Wasser* |
| *Erdbeeren, Trauben, Kirschen, Ananas usw.* |

### ✧ ZUBEREITUNG ✧

✧ Den Zucker in Wasser bei kleiner Flamme unter Rühren auflösen. 5 Minuten aufkochen lassen.

✧ Die Früchte waschen und trocknen lassen. Stiele oder Blättchen nicht entfernen. Die Früchte in den heißen Sirup tauchen und auf einem Rost abkühlen lassen. Alle Obstsorten können auf diese Weise glasiert werden.

VARIATION Ein Eiweiß schaumig schlagen. Die Früchte hineintauchen und dann mit Zucker bestreuen. Auf einem Rost trocknen lassen. Kleine Blüten oder Blätter kann man genauso behandeln.

SCHOKOLADENFRÜCHTE siehe Seite 120.

## ✧ BRANDYFRÜCHTE ✧

### ✧ ZUTATEN ✧

*450 g Zucker*
*675 ml Wasser*
*Pfirsiche, Pflaumen, Kirschen, Mandarinen*
*etwa 225 ml Brandy*

### ✧ ZUBEREITUNG ✧

✧ Den Zucker in Wasser bei niedriger Hitze unter Rühren auflösen.
✧ Pfirische, Pflaumen oder andere feste Früchte 1 Minute in kochendes Wasser geben. Herausnehmen und enthäuten. Die Früchte im Sirup weichkochen. Mit einer Gabel oder einem Spießchen einstechen.
✧ Andere Früchte wie Kirschen oder Mandarinen sticht man nur ein. Nach Geschmack kann man die Früchte auch in Würfel oder Scheiben schneiden.
✧ Die Früchte in Krüge füllen und mit Brandy übergießen. (Die Brandymenge hängt vom persönlichen Geschmack ab.) Mit Sirup bedecken und gut verschließen.
✧ Die Früchte vor dem Verzehr mindestens einen Monat ziehen lassen.
✧ Den Alkohol abgießen und als Getränk servieren. Die Früchte auf Eis geben oder für das Innere einer Eisbombe verwenden. Man kann die Früchte auch mit etwas Brandy pürieren und heiß oder kalt als Sauce reichen, oder den Brandy über Eis- oder Sorbetkugeln träufeln.

VARIATIONEN Statt des Brandys Gin oder Rum verwenden.

Für einen großen gemischten Obsttopf nimmt man einen großen Steinguttopf und beginnt mit 450 ml Brandy. Früchte der Saison nach eigenem Geschmack hineingeben. Auf je 450 g Früchte nimmt man die gleiche Menge Zucker. Gut verschließen und jeden Tag umrühren. Mindestens einen Monat stehen lassen, damit der Alkohol die Früchte ganz durchdringen kann.

Früchte mit dem jeweils passenden Alkohol konservieren. Orangen zum Beispiel in Armagnac oder Curaçao, Kirschen oder Ananas in Kirschwasser, Mangos in Bols oder Pflaumen in Gin.

## ✧ SCHOKOLADEN-DEKORATIONEN ✧

✧ So viel Schokolade, wie man voraussichtlich benötigt, in eine Schüssel geben, die genau auf einen Topf paßt. Den Topf so weit mit Wasser füllen, daß die Oberfläche gerade den Schüsselboden erreicht. Das Wasser zum Kochen bringen, den Topf vom Feuer nehmen und die Schüssel daraufstellen. Die Schokolade rühren, bis sie geschmolzen ist.

✧ Die Schokolade auf ein Backblech streichen und fest werden lassen. Mit einem scharfen Messer die Schokolade so vom Blech schaben, daß „Löckchen" entstehen.

✧ Oder das Backblech mit Pergamentpapier auslegen. Wenn die Schokolade abgekühlt ist, auf ein sauberes Papier stürzen, und das Pergamentpapier abziehen. Aus der Schokolade mit einem scharfen Messer die gewünschten Formen ausschneiden.

SCHOKOLADENBECHER: Die flüssige Schokoladenmasse in ein Tortenförmchen gießen und dieses sofort wieder leeren. Wenn die Schokoladenschicht dicker sein soll, den Vorgang jeweils wiederholen, wenn eine Schicht fest ist. Wenn die Schokolade ganz erkaltet ist, lockert man die Ränder mit einem scharfen Messer und löst den Becher aus der Form.

SCHOKOLADENBLÄTTER: Eine Seite eines Blattes (z.B. ein Rosen- oder Lorbeerblatt) in die Schokoladenmasse tauchen und auf einem Rost oder einem Stück Pergamentpapier trocknen lassen. Wenn die Schokolade fest ist, das Blatt vorsichtig ablösen.

SCHOKOLADENFRÜCHTE: Fruchtstücke in die geschmolzene Schokolade tauchen und auf einem Rost trocknen lassen.

# ✧ SCHNELLES GELEE ✧

| ✧ ZUTATEN ✧ |
|---|
| *15 g Gelatinepulver oder 6 Blätter Gelatine* |
| *125 g Zucker* |
| *450 ml Wasser* |
| *350 g Obst* ODER |
| *150 ml Orangensaft* |
| *3 EL Zitronensaft* |

## ✧ ZUBEREITUNG ✧

✧ Wenn Gelatineblättchen verwendet werden, diese in etwas Wasser einweichen.

✧ Das Wasser erhitzen und den Zucker einrühren.

✧ Vom Herd nehmen, die Gelatine in den Topf geben und rühren, bis sie sich aufgelöst hat.

✧ Das Obst pürieren und durch ein Sieb streichen. Weiche Obstsorten verwenden.

✧ Die Gelatine in das Obstpüree oder den Orangensaft rühren. Den Zitronensaft dazugeben und abkühlen.

✧ Die Masse in eine Form oder mehrere Glasschüsseln füllen und kühlen, damit sie fest wird. Das Gelee in einer Ringform fest werden lassen und das Innere mit Eis- oder Sorbetkugeln füllen. Oder das Gelee in eine gewöhnliche Schüssel geben, und wenn es fest ist, kleinhacken. In eine Schüssel oder in Dessertschalen geben und Eiskugeln daraufsetzen.

VARIATIONEN Den Orangensaft durch einen beliebigen anderen Saft ersetzen. Die Zuckermenge jeweils anpassen. Um ein kräftigeres Aroma zu erzielen, reduziert man den Wasseranteil.

Das Gelee mit Wein, Champagner, Portwein oder Likör verfeinern oder die Früchte in Wein oder Likör einweichen.

Milch mit Schokolade, Kaffeepulver oder Fruchtsirup verrühren. Erhitzen, Gelatine darin auflösen und abkühlen lassen, bis die Masse dick ist. Im Tiefkühlfach fest werden lassen.

Die Hälfte des Gelees in eine Form füllen und gefrieren. Eine Schicht Obst daraufgeben und mit dem restlichen Gelee bedecken.

Mehrere Geschmacksrichtungen verwenden. Je nach Geschmack Obst zwischen die einzelnen Geleeschichten geben. Die untere Schicht immer fest werden lassen, bevor man die nächste darübergibt.

# ✧ FRUCHT-SAUCEN ✧

## ✧ ZUTATEN ✧

ERGIBT 225 ML

*225 g frische, tiefgekühlte oder Dosenfrüchte*

*50 ml Rot- oder Weißwein*

*1TL Mandelessenz* ODER *1 TL Zitronensaft*

## ✧ ZUBEREITUNG ✧

✧ Die Früchte in dem Wein weichkochen. Pürieren oder durch ein Sieb streichen. Mandelessenz oder Zitronensaft dazugeben.

✧ Man kann jeweils die Früchte der Saison verwenden. Eine Mischung verschiedener Sorten bringt interessante Geschmacksnuancen hervor.

VARIATIONEN Die Mandelessenz weglassen und den Früchten während des Kochens eine Zimtstange oder Vanilleschote beigeben. Diese vor dem Pürieren entfernen. In die fertige Sauce eine Prise Zimt oder die Samen der Vanilleschote geben.

Weiche Früchte wie Erdbeeren, Himbeeren oder rote Johannisbeeren kann man ohne Wasser kochen. Sie werden nur mit Zucker bestreut und langsam erhitzt, bis sie weich sind.

Man kann die Früchte auch zuerst pürieren, kochen, bis sie dickflüssiger werden, und dann mit Wein und Vanilleessenz verfeinern. (Statt des Weins eignet sich auch Likör oder Schnaps. Für alkoholfreie Saucen den Wein weglassen.)

Man kann auch etwas Butter in das heiße Obstpüree rühren.

## ✧ *ZITRUSSAUCE* ✧

### ✧ *ZUTATEN* ✧

ERGIBT 225 ML

*2 Zitronen oder Limonen* ODER *1 Orange*
*3 EL Zucker*
*1 EL Pfeilwurz*
*225 ml Wasser*

### ✧ *ZUBEREITUNG* ✧

✧ Die Schale der Zitronen, Limonen oder Orangen fein abreiben.
✧ Zucker und Pfeilwurz vermengen. Den Obstsaft langsam dazugeben. Das Wasser und die geriebene Schale einrühren. Die Sauce unter Rühren bei schwacher Hitze kochen, bis sie dickflüssig und klar wird.
✧ Für eine dünnflüssige Sauce läßt man die Pfeilwurz weg. Alle Zutaten mischen und bei schwacher Hitze rühren, bis der Zucker aufgelöst ist.

VARIATION Pochierte Früchte oder Dosenfrüchte verwenden. Die Flüssigkeit eindicken (siehe oben) und die Früchte ein bis zwei Minuten einrühren, bis sie gut durchgewärmt sind.

## ✧ *PREISELBEERSAUCE* ✧

### ✧ *ZUTATEN* ✧

ERGIBT 225 ML

*225 g eingelegte Preiselbeeren*
*2 EL Gin oder Wodka*

### ✧ *ZUBEREITUNG* ✧

✧ Die Preiselbeeren zusammen mit Gin oder Wodka langsam erhitzen, bis beides gut vermischt ist.
✧ Man kann auch eingemachtes Obst, Marmelade, Weißwein, Likör oder Zitronensaft in die Sauce mischen. In der Sauce ein Stück Orangen- oder Zitronenschale erhitzen.

## ✧ SCHOKOLADENSAUCE ✧

### ✧ ZUTATEN ✧

*50 g dunkle Schokolade*
*125 g brauner Zucker*
*65 g Sahne*
*2 TL geriebene Orangenschale* ODER *1 TL Minzeessenz oder Mandelessenz*
*2 EL Cointreau, Kirschwasser oder Rum*

### ✧ ZUBEREITUNG ✧

✧ Die Schokolade in Stückchen brechen und den Topf in ein Wasserbad stellen. Zucker und Sahne dazugeben und unter Rühren erhitzen, bis die Schokolade geschmolzen und die Sauce glatt ist.
✧ Orangenschale, Aromastoffe und den Alkohol einrühren. Gut vermischen.

VARIATIONEN Starken schwarzen Kaffee oder eine Prise Ingwer- oder Zimtpulver zu der Sauce geben.

Auch ein paar Löffel Erdnußbutter, ein paar fein gehackte Marshmallows, Nüsse oder Kirschen kann man einrühren.

SCHNELLE SCHOKOLADENSAUCE: 225 g Schokolade im Wasserbad schmelzen und so viel geschlagene Sahne einrühren, daß eine glatte Sauce entsteht. Wie beschrieben abschmecken. Oder die Schokolade schmelzen, mit 50 g Butter verrühren und zu einer glatten Sauce verarbeiten.

## ✧ KAFFEESAUCE ✧

### ✧ ZUTATEN ✧

ERGIBT 225 ML

*125 g Zucker*
*2 EL Wasser*
*300 ml schwarzer Kaffee*

### ✧ ZUBEREITUNG ✧

✧ Den Zucker in Wasser bei schwacher Hitze verrühren. Den Sirup kochen, bis er eine goldgelbe Farbe bekommt. Den Kaffee dazugießen und alles kochen, bis die Sauce dickflüssig wird.

VARIATION Kahlua, Tia Maria oder Crème de Cacao in die Sauce rühren.

## ✧ AHORNSAUCE ✧

### ✧ ZUTATEN ✧

ERGIBT 225 ML

*225 ml Ahornsirup*
*125 ml Sahne*

### ✧ ZUBEREITUNG ✧

✧ Den Sirup kochen, bis er leicht eingedickt ist.
✧ Die Sahne steifschlagen und vorsichtig unter den Sirup heben.

VARIATION In den Sirup gehackte Walnüsse oder Pekannüsse mischen. Den Sirup aus einer Mischung von Ahornsirup und Honig zubereiten.

## ✧ KARAMELSAUCE ✧

### ✧ ZUTATEN ✧

ERGIBT 125 ML

*50 g brauner Zucker*
*2 EL weißer Zucker*
*1 EL Maissirup*
*65 ml Sahne*
*2 TL Butter*
*ein paar Tropfen Vanilleessenz*

### ✧ ZUBEREITUNG ✧

✧ Alle Zutaten außer der Vanilleessenz erhitzen, bis der Zucker geschmolzen und eine glatte Sauce entstanden ist. Die Vanilleessenz einrühren.

## ✧ MARSHMALLOWSAUCE ✧

### ✧ ZUTATEN ✧

FÜR 4 PERSONEN

ERGIBT 225 ML

*125 g kleine Marshmallows*
*125 g Puderzucker*
*4 EL kochendes Wasser*

### ✧ ZUBEREITUNG ✧

✧ Die Marshmallows im Wasserbad schmelzen und zu einer glatten Sauce verrühren.
✧ Den gesiebten Puderzucker und das Wasser dazugeben und alles gut mischen.

## ✧ RUMSAUCE ✧

### ✧ ZUTATEN ✧

ERGIBT 225 ML

*1 Eidotter*
*25 g ungesüßter Kakao*
*25 g Puderzucker*
*3 EL Rum*
*125 ml Sahne*

### ✧ ZUBEREITUNG ✧

✧ Eidotter, Kakao und Zucker sorgfältig verrühren.
✧ Den Rum dazugeben und mit dem Schneebesen schlagen, bis die Sauce hell und schaumig ist.
✧ Die Sahne steif schlagen. Vorsichtig unter die Rummischung ziehen.
✧ Vor dem Servieren kühlen.
✧ Heiße Rumsauce: Den Zucker in geschmolzener Butter auflösen, den Rum, gemahlenen Zimt und Orangensaft einrühren.

# INDEX


## A

Ahornsirup: Ahornsauce, 125
  Walnußeis, 27
Ananas, 25
  Banana Split, 44
Apfel: Cidre-Apfel-Sorbet, 86
Aprikoseneis, 23
Avocadoeis, 34
Ausrüstung, 8, 10–11

## B

Bananen: Banana Split, 44
  Bananen-Honig-Eis, 33
  Bananen-Milchshake, 57
  Flambierte Bananen, 53
Basilikum: Gewürztes Sorbet, 89
Birnen: Birne Hélène, 49
  Birnen-Ingwer-Sorbet, 87
Biskuits: Katzenzungen, 112
  Schnelle Eistorte, 71
Brandy: Brandyfrüchte, 119
  Flambierter Kirschbecher, 54
  Karibik-Flip, 62
Broteis, 35

## C

Cassata, 70
Champagner-Granité, 102
Chantilly-Sahne, 115
Cidre: Cidre-Apfel-Sorbet, 86
  Gewürzter Cidre, 63
Cornflakes: Knuspriger Eisring, 78
  Schokoladeneis-Ring, 78
Coupe Jaques, 46
Crème de Cacao:
  Geeister „Grashüpfer“, 58
  Geeister „Latin Flip“, 59
Crème de Menthe:
  Geeister „Grashüpfer“, 58
  Geeister „Julep“, 58

## D

Daiquiri, geeister, 62
Dekorationen, Schokoladen-, 120
„Down Home Shake“, 59

## E

Eiergebäck mit Schokoladen-fondue-Sauce, 75
Einfache Eiscreme, 18
Eis: Ananaseis, 25
  Aprikoseneis, 23
  Avocadoeis, 34
  Bananen-Joghurteis, 33
  Broteis, 35
  Einfache Eiscreme, 18
  Englisches Weihnachtseis, 37
  Erdbeereis, 24
  Extra leichte Eiscreme, 19
  Grand-Marnier-Parfait, 38
  Ingwereis, 29
  Karameleis, 22
  Kirsch-Joghurteis, 32
  Kulfi (Indisches Eis), 39
  Kürbiseis, 36
  Mandarineneis, 26
  Mangoeis, 36
  Parfait, 15
  Sahneeis, 16
  Sahniges Joghurteis, 31
  Schokoladeneis, 21
  Vanilleeis, 14
  Walnußeis, 27
Eisbecher: Banana Split, 44
  Birne Hélène, 49
  Chocolate Liègois, 50
  Coupe Jaques, 46
  Flambierte Bananen, 53
  Flambierter Kirschbecher, 54
  „Knickerbocker Glory“, 43
  Party-Becher, 52
  Pfirsich „Kardinal“, 47
  Pfirisch Melba, 49
  Weihnachtsbecher, 50
Eisbombe, 69
Eiscreme-Sodas, 55
Eisdesserts: Cassata, 70
  Eiergebäck mit Schokoladen-fondue-Sauce, 75
  Eisbombe, 69
  Haselnuß-Eistorte, 77
  Knuspriger Eisring, 78
  Meringen-Torte, 81
  Omelet en Surprise, 72
  Schnelle Eistorte, 71
  Schokoladeneis-Ring, 78
  Schokoladenkästchen, 76
Erdbeeren: Erdbeereis, 24
  Erdbeer-Granité, 105
Extra leichte Eiscreme, 19

## F

Frische Obstshakes, 61
Fruchtsaft: Schnelles Gelee, 121
  Schnelles Obstsorbet, 95
Früchte: Brandyfrüchte, 119
  Coupe Jaques, 46
  Frische Obstshakes, 61
  Fruchtsaucen, 122
  Geeister Daiquiri, 62
  Glasierte Früchte, 118
  Omelet en Surprise, 72
  Party-Becher, 52
  Schnelles Sorbet, 95
  Sorbets, 85
  *siehe auch die jeweilige Frucht*
  Weitere Frucht-Granités, 109

## G

Geeistes Cocktail-Sorbet, 97
Geeister Daiquiri, 62
Geeister „Grashüpfer“, 58
Geeister „Julep“, 58
Geeister „Latin Flip“, 59
Gelee: schnelles, 121
  „Knickerbocker Glory“, 43
Gewürzter Cidre, 63
Gewürztes Sorbet, 89
Gin: Preiselbeersauce, 123
Glasierte Früchte, 118
Grand Marnier:
  Flambierte Bananen, 53
  Grand-Marnier-Parfait, 38
Granités: Champagner-Granité, 102
  Erdbeer-Granité, 105
  Honig-Zitronen-Granité, 108
  Kaffee-Granité, 104
  Orangen-Granité, 107
  Rotwein-Granité, 103
  Schokoladen-Granité, 107
  Weitere Frucht-Granités, 109
  Zitronen-Granité, 108

## H

Haselnuß-Eistorte, 77
Heiße Schokolade mit Eis, 64
Himbeeren: Banana Split, 44
  Pfirisch Melba, 48
Honig: Bananen-Honigeis, 33
  Honig-Zitronen-Granité, 108
  Honig-Zitronen-Joghurt-Eis, 99

## I

Indisches Eis (Kulfi), 39
Ingwer: Birnen-Ingwer-Sorbet, 87
  Ingwereis, 29
Italienische Meringen, 116

## J

Joghurt: Bananen-Joghurteis, 33
  Honig-Zitronen-Joghurt-Eis, 99
  Joghurtshakes, 61
  Kirsch-Joghurteis, 32
  Preiselbeer-Joghurteis, 33
  Sahniges Joghurteis, 31
Johannisbeeren, rote:
  Pfirsich „Kardinal“, 47
Johannisbeeren, schwarze:
  Sahniges Joghurteis, 31

## K

Kaffee: Heiße Schokolade mit Eis, 64
  Kaffee-Granité, 104
  Kaffeesauce, 125
  Karibik-Kaffee, 125
Kahlua: Geeister „Latin Flip“, 59
Kandierte Früchte: Cassata, 70
  Tutti Frutti, 30
Karameleis, 22
Karamelsauce, 126
Karibik-Flip, 62
Karibik-Kaffee, 64
Kastanien:
  Englisches Weihnachtseis, 37
Katzenzungen, 112

## L

Limonen: Flambierte Bananen, 53
  Rotwein-Granité, 103
  Zitrussauce, 123

## M

Majoran: Gewürztes Sorbet, 89
Mandarineneis, 26
Mandeln: Krokant, 117
  Schnelle Eistorte, 71
  Trüffeln, 113
Mangoeis, 36
Marmoriertes Eis, 20
Marshmallowsauce, 126
Melonen: Geeiste Melonen, 45
  Melonensorbet, 88
Meringen: Italienische Meringen, 116
  Meringen-Torte, 81
  Omelet en Surprise, 72
Milchshakes:
  Bananen-Milchshake, 57
  „Down Home Shake“, 59
  Frische Obstshakes, 61
  Geeister „Latin Flip“, 59
  Heiße Schokolade mit Eis, 64
  Joghurt-Shakes, 61
  Karibik-Flip, 62
  Schokoladen-Milchshake, 57
  Milchsorbet, 93
Mincemeat: Weihnachtsbecher, 50

## N

Nektarinen:
  Champagner-Granité, 102
Nüsse: Party-Becher, 52
  Schokoladenkästchen, 76

## O

Orangen: Flambierte Bananen, 53
  Milchsorbet, 93
  Orangen-Granité, 107
  Rotwein-Granité, 103
  Sorbet und Glühwein, 63
  Weißweinsorbet, 96
  Zitrussauce, 123

## P

Parfait, 15
Party-Becher, 52
Party-Punsch, 56
Pfefferminze:
  Geeister „Grashüpfer“, 58
  Geeister „Julep“, 58
  Pfefferminzsorbet, 89
Pfefferminzsorbet, 89
Pfirsiche: Champagner-Granité, 102
  Pfirsich „Kardinal“, 47
  Pfirsich Melba, 48
Pistazien: Cassata, 70
Preiselbeeren:
  Preiselbeer-Joghurt-Eis, 99
  Preiselbeersauce, 123

## R

Reis-Crispies:
  Knuspriger Eisring, 78
  Schokoladeneis-Ring, 78
Rosinen: Cassata, 70
  Tutti Frutti, 30
Rotwein-Granité, 103
Rum: „Down Home Shake“, 59
  Flambierte Bananen, 53
  Geeister Daiquiri, 62
  Karibik-Flip, 62
  Rumsauce, 126
  Tutti Frutti, 30

## S

Sahne, Chantilly-, 115
Sahneeis, 16
Sahniges Joghurteis, 31
Saucen: Ahorn-, 125
  Fruchts-, 122
  Kaffee-, 125
  Karamel-, 126
  Marshmallow-, 126
  Rum-, 126
  Schokoladen-, 125
  Schokoladenfondue-, 75
  Zitrus-, 123
Schnelle Eistorte, 71
Schnelles Gelee, 121
Schnelles Obstsorbet, 95
Schnelles Sorbet, 95
Schokolade: Banana Split, 44
  Birne Hélène, 49
  Chocolate Liègois, 50
  Eiergebäck mit Schokoladen-fonduesauce, 75
  Eisbombe, 69
  Heiße Schokolade mit Eis, 64
  Knuspriger Eisring, 78
  Schokoladendekorationen, 120
  Schokoladeneis, 21
  Schokoladen-Granité, 107
  Schokoladenkästchen, 76
  Schokoladen-Milchshake, 57
  Schokoladensauce, 125
  Schokoladensirup, 55
  Trüffeln, 113
Schokoladenkästchen, 76
Schweizer Meringen, 115
Sirup: Schokoladen-, 55
  Zucker-, 85
Southern Comfort:
  Geeister „Julep“, 58
Sorbets: Birnen-Ingwer-Sorbet, 87
  Cidre-Apfel-Sorbet, 86
  Geeiste Melonen, 45
  Geeistes Cocktail-Sorbet, 97
  Gewürzter Cidre, 63
  Gewürztes Sorbet, 89
  Melonensorbet, 88
  Milchsorbet, 93
  Party-Punsch, 56
  Pfefferminzsorbet, 89
  Schnelles Obstsorbet, 95
  Schnelles Sorbet, 95
  Sorbet und Glühwein, 63
  Teesorbet, 92
  Tomatensorbet, 91
  Weißweinsorbet, 96
  Zuckersirup, 85

## T

Tee-Granité, 107
Teesorbet, 92
Tia Maria: Geeister „Latin Flip“, 59
Tomatensorbet, 91
Trüffeln, 113

## V

Vanilleeis, 14

## W

Walnüsse: Walnußeis, 27
Weihnachtsbecher, 50
Weihnachtseis, englisches, 37
Wein: Aprikoseneis, 23
  Fruchtsaucen, 122
  Party-Punsch, 56
  Rotwein-Granité, 103
  Sorbet und Glühwein, 63
  Weißweinsorbet, 96
Weitere Frucht-Granités, 109
Whisky: Geeistes Cocktail-Sorbet, 97
Wodka: Preiselbeersauce, 123

## Z

Zitronen: Geeistes Cocktail-Sorbet, 97
  Honig-Zitronen-Granité, 108
  Honig-Zitronen-Joghurt-Eis, 99
  Milchsorbet, 93
  Rotwein-Granité, 103
  Weißweinsorbet, 96
  Zitronen-Granité, 108
  Zitrussauce, 123
Zuckersirup, 85